SKILLS FOR NEW MANAGERS

by Morey Stettner

はじめに

こんなジョークがある。

「リーダーの定義は何だか知っているかい？」
「いや、知らない。何なんだ？」
「『リーダーとは、部下が仕事に専念できるように来客の相手をする人物である』さ」

あなたはこれをおもしろいと感じるかもしれない。しかし、今やあなたがそのリーダーなのだ。「自分の部下といっしょに笑う」のがあなたの仕事であって、「自分の部下に笑われる」ようではいけない。

世の中にリーダーと呼ばれる人はごまんといて、彼らはみな、部下を教育し、やる気を出させようと奮闘している。彼らが求めているものはみな同じだ。

＊上司を喜ばせること
＊部下から尊敬されること

そして何よりも、

＊人を指導するときにつきものの、さまざまな頭痛の種から解放されること

である。

新米リーダーであるあなたは、自分の役割があまりにも多いことにめまいを覚えているだろう。

これまでの仕事を、あなたは優秀にこなしてきた。毎日出社して、自分の専門分野で能力を発揮し、上司を感心させてきたにちがいない。

そして今、あなたはその報酬を受け取った。つまりそれは、自分が指導する部下たちだ。

これから先は、自分の技術的能力や専門知識だけで成功することはできなくなる。**部下たちがきちんと仕事をして初めて、あなたの成功となる**のだ。そして彼らが失敗すれば、その代償はあなたが払うことになる。

最高のリーダーは挑戦を大歓迎する。彼らは、それぞれの部下との間に、一日ごとに信頼関係を築いていく。

もっともやっかいなタイプの部下が相手でも、やる気を出させ、違う考え方を促し、新しいことにチャレンジするよう励ます方法を学んでいく。そして、彼らからよりよい結果を引き出していく。

最高のリーダーは、基準を高く設ける。そして「有言実行」だ。

問題が持ち上がったときでも、彼らはどっしりと構えている。その問題についてよく考え、落ちついて公正に対処する。組織的な大変革やつらい変化の中にあっては、部下たちにつねに情報を提供し、安心感を与える。

後退を余儀なくされたとしても、自分の力ではどうにもならない事柄について嘆いたり不平を言ったりしない。部下たちを励まし、彼らの目をいちばん大切なものに向けさせる。

どうせリーダーになるなら、最高のリーダーになろう！

あなたには、マネジメントの秘密のすべてを解き明かしてくれるような、師となる存在がいるだろうか？

もしいるのなら、素晴らしい。その場合、本書は補足的な役割を果たすことになるだろう。師の教えを、本書のマネジメント理論と照らし合わせてチェックすることができる。

そして、もしそのような師がいないのなら、本書を師の親しみやすい代役と考えてほしい。もちろん、危機に直面したときに電話をかける相手になったり、仕事でいやなことがあったときになぐさめてあげたりすることはできないが、リーダーなら必ず直面するさまざまな状況に対処する実際的な指針を、たくさん提供することならできる。

ただ読むだけでは効果は半分だ。いくら納得できるコツやテクニックを見つけてうなずいていても、マネジメント術を身につけることはできない。

読んだことを、実際に行動に移さなければならないのだ。

これから学ぶ方法を実際に試し、自分にとってどれくらい役に立つかを判断し、必要なら改良を加えてほしい。

人は数学の方程式ではない。だから人を指導する仕事も、決まったデータをただ入力するのとは大いに違う。相手によってさまざまな、型にはまらないプロセスになるはずだ。

しかし、これからお話しすることをきちんと実行していけば、本書を読むのに費やした時間は決して無駄にならないことをお約束しよう。

・本書は、2003年に出版した『初めて部下を持ったその日から使える新米リーダー10のスキル』（小社刊）の内容に大幅に再編集を施したものです。

本書の構成

まず最初に、《準備ステップ　どんなリーダーになりたいのか、目標を定めよう》を読むことをお勧めする。あとは順番に読んでいってもいいし、自分に必要だと思うところから読みはじめてもいい。

《準備ステップ　どんなリーダーになりたいのか、目標を定めよう》

よりよいリーダーになるにはどのような資質、スキル、態度が必要なのかを知り、自分は何を身につけたらよいのかを明確にする。

また、リーダーという仕事に関する思い込みや間違った常識から解放される。

《スキル1　第1日目に部下の心をつかむ》

あなたがリーダーとして好スタートを切れるよう手助けする。どのような態度をとることが必要なのか、ミーティングはどのように行うべきか、部下とのよい関係を築くにはどうしたらよいかなどが書かれている。

《スキル2　部下の話をよく聞く》

まず、コミュニケーションになくてはならない「聞く技術」を身につける。リーダーとして成功するには、部下の話を聞くことだ。部下より自分が話してばかりいたら、並のリーダーにしかなれないだろう。

《スキル3　リーダーらしく話す》

「聞く」ことから「話す」ことへと移る。リーダーになったら、部下や上司に言いたいことをきちんと伝える必要が出てくる。

相手を説得できるかどうかは、事前にどれだけ準備をするかにかかっている。要は、口を開く前に考えることだ。

《スキル4　やる気を引き出す》

新米リーダーは、部下にやる気を出させるところでつまずきがち。大きな声で叱咤激励するのが、いちばん効果的だと考えているのだ。

しかし実際にやる気を出させるベストの方法は、相手をよく観察して、その人にとっていちばん大切なことを見抜くことだ。

《スキル5　部下を注意する》

部下にフィードバックするときにいちばん大切なのは、部下が自分で仕事の質を向上させる方法を見つけるように仕向けることだ。部下の行動を一般化してお説教するのではなく、具体的な行動を客観的な表現で指摘するのがポイントだ。

《スキル6　部下を叱責する》

部下を叱らなければならないときは、方法とタイミングを間違えないようにするのが肝心だ。叱責するとは、結局、仕事が滞る原因になっている人を援助することだ。これをうまく行えば、部下を正しい軌道に戻し、優秀な社員にすることができる。

《スキル7　時間を管理する》

新米リーダーは、正しい時間の感覚を失い、細かいことばかりにこだわってしまうことが多い。自分の働きぶりを監視し、時間の無駄になっている仕事を避けるようにすれば、生産性を飛躍的に上げ、短い時間で最大の効果を上げられるようになる。

《スキル8　仕事を任せる》

すべてのリーダーは、部下に仕事を任せなければならない。ただ大声で命令を下して結果を待つのは簡単だ。しかし、部下が協力するか反抗するかは、あなたが仕事を与えるやり方でほぼ決まるのだ。

《スキル9　上司をコントロールする》

部下ではなく上司をコントロールする方法について述べる。つねに上の人たちに自分の成果を認めさせ、コミュニケーションの道を確保しておけば、無用な誤解を避けることができるとともに、努力に見合った評判を得ることが確実になる。

《スキル10　ネットワークをつくる》

組織の内外にあるネットワークが広ければ広いほど、業績を上げるチャンスをつかみやすくなる。どのように人と知り合い、つき合い、ネットワークを維持するかの方法を解説する。

《コラム》

本書には以下のようなコラムが随所にあり、本文の理解を助けるようになっている。あわせて読んでほしい。

ヒント

その名のとおり、ヒントや戦略が書かれている。

要注意

気をつけないと失敗しがちな点について解説している。

試してみよう

仕事をより効果的にする秘訣を伝授する。

キーワード

特殊な用語の意味を説明する。

エピソード

さまざまな企業や個人の豊富な実例を紹介する。

メソッド

目標達成のための具体的な方法や手段が書かれている。

迷ったときに

判断ミスを防止する考え方を提供する。

CONTENTS

初めて部下を持ったその日から使える

新米リーダー 10のスキル ［再編集版］

準備ステップ

SKILL 01

第1日目に部下の心をつかむ

SKILL 02

部下の話をよく聞く

SKILL 03

リーダーらしく話す

SKILL 04

やる気を引き出す

SKILL 05
部下を注意する

SKILL 06
部下を叱責する

SKILL 07

時間を管理する

SKILL 08

仕事を任せる

SKILL 09

上司をコントロールする

SKILL 10

ネットワークをつくる

準備ステップ

どんなリーダーになりたいのか、目標を定めよう

1 リーダーとしての仕事は、
これまでの延長線上にはない

2 リーダーについての
神話から解放されよう

1

リーダーとしての仕事は、これまでの延長線上にはない

お手本は誰か?

多くの新米リーダーがそうであるように、あなたもまた、自分は先輩たちよりもうまくできると考えているかもしれない。どんな間違いを避ければいいかがわかっていると思っているからだ。

あなたはおそらく、いいマネジメント方法ならわかっていると考えているだろう。あなたは「いろいろなタイプの人とうまくやっていける」という自信もあるし、「まじめで正直」な人間だ。さらに「挑戦を好み、同じことの繰り返しは嫌い」でもある。

経験豊かなリーダーたちは、部下を持つようになったら「毎日が違う日になる」と口を

準備ステップ

どんなリーダーになりたいのか、目標を定めよう

揃えて言う。あなたもそれは望むところだろう。

しかし、**マネジメント能力が真に試されるのは、実際にその仕事を始めてからだ**。新米リーダーで、人を管理するということを本当に理解できている人はいない。

毎日毎日、思いもかけなかったようなおかしなことが何かしら起きるのだ。

たとえば、いきなり泣き出す新入社員や（あなたはどうすればいいだろう?）、あなたや会社に対してそれとなく脅威を与えるベテラン社員（今度はどうすれば?）。

もうわかっているかもしれないが、マネジメントとは、目標を設定し、それを達成するために人を動かすことだけではない。ほかにも、考えなければならないことがたくさんある。

「こんなとき、最高レベルのリーダーならどのように対処するだろう?」と想像することによって、自分の進むべき道を思い描くことができる。

あなたがもっとも尊敬している人が、あなたが目指す姿となる。その人がある特定の問題にどう対応するか、ある特定の仕事をどのようにこなすかがわからなくても、自分なりに想像することが役に立つのだ。

お手本を決めるときは、自分の職場の雰囲気についてまず考えるといい。

たとえば、大学院卒の秀才たちが集まり、化学研究やソフトウェアの開発をしているような、のんびりした職場だとしよう。

そのような環境では、冷静で、頭脳的で、柔軟な思考のリーダーがいると、社員はその能力を最大限に発揮することができる。いくら尊敬しているとはいえ、声が大きくて部下をせき立てるタイプの上司を手本にすると逆効果になるだろう。なぜなら、そのような大げさで芝居がかったやり方は、インテリ肌の部下を白けさせるからだ。

それに加えて、手本を選ぶ方法についても考える必要がある。ただ親しいから、興味の対象が同じだからといった理由で選ぶのは間違っているだろう。

手本に最適なのは、好きなリーダーよりも尊敬するリーダーである（この2つがまったく両立しないというわけではないが）。

準備ステップ

どんなリーダーになりたいのか、目標を定めよう

ヒント

いちばん尊敬できるリーダーは?

今までで最高の上司について考えてみてほしい。
そして、以下の文章を完成させよう。

①不安に直面したら、このリーダーは〔　　　　〕をするだろう。

②チームワークを向上させるために、このリーダーは〔　　　　〕をするだろう。

③コンセプトを説明するとき、このリーダーは〔　　　　〕をするだろう。

④扱いが難しい人を管理するために、このリーダーは〔　　　　〕をするだろう。

⑤部下はこのリーダーを尊敬している。なぜなら〔　　　　〕。

このちょっとしたエクササイズを行えば、適切で効果的な態度と戦術に、的を絞ることができるはずだ。

自分のリーダーシップ度を評価する

自分について知れば知るほど、マネジメントもうまくなる。自分はどんな人間なのか、何を信じているのかといったことについて確固たる考えを持っていないと、押しの強い人物にいいように操られてしまう。

人を管理するには、芯が強くなければならない。今はまだそうでなくても、人に嫌われるようなことを宣言し、それを守り通さなくてはならない日がいつか必ずやってくる。部下に失望されても、上司に鼻で笑われさえしても、自分の立場を崩すわけにはいかないのだ。疑問の声が渦巻くなか、**特に一か八かの状況でプレッシャーが重くのしかかるときは、自分自身を信じなければならなくなる。**

そのようなときに、威厳と自信があなたの支えとなるのだ。

以下の診断テストをしてみよう。その診断結果によって、あなたのマネジメントのやり方に影響を与えている、自分の隠れた長所と短所を見つけることができる。

テスト①

忍耐力

A～Eの項目に、あなたはどれだけ当てはまるだろうか。以下の1点から5点で評価し、項目の後の〔　　〕内に記入しよう。

1点＝まったく当てはまらない
2点＝ごくまれに当てはまる
3点＝ときどき当てはまる
4点＝よく当てはまる
5点＝つねに当てはまる

A 誰かに何かをするように言って、相手がそれをしなかったら、もう一度きっぱりした口調でするように言う。〔　　〕
B 相手の話し方があまりにもゆっくりだったら、相手の話が終わるのを待てない。〔　　〕
C 誰かが間違ったことをしているのを見たら、すぐにそれを指摘する。〔　　〕
D 1分か2分以上待たされたらイライラする。〔　　〕
E 相手がすぐに質問に答えなかったら、相手の話をさえぎって質問を繰り返す。〔　　〕

⇨ A～Eの答えをすべて足してみよう。〔　　〕

診断結果

◎17点以上

あなたはもっと気楽に構え、冷静になったほうがいいだろう。もう少しリラックスする必要がある。

その忍耐力のなさは、もしかしたらなんでも自分の思い通りにしたいという気持ちから来ているのかもしれない。

◎16点以下

4点か5点になった質問に注目しよう。そこを改善すれば、血圧を下げ、信頼関係を築き、協力を勝ち取ることができるだろう。

テスト②

コミュニケーション能力

テスト①と同じように点数を記入しよう。

1点＝まったく当てはまらない
2点＝ごくまれに当てはまる
3点＝ときどき当てはまる
4点＝よく当てはまる
5点＝つねに当てはまる

A 質問をするときは、相手の答えに本当に興味を持っている。〔　　〕
B 人前で話すのが好きである。〔　　〕
C 同意しかねるときは、相手の話をきちんと理解しているかを確認したうえで自分の意見を言う。〔　　〕
D 話すことがたくさんあるときは、言いたいことを前もって組み立てておく。〔　　〕
E 指導をするとき、何か複雑なことを説明するときは、項目に分けて話す。〔　　〕

⇨ A～Eの答えをすべて足してみよう。〔　　〕

診断結果

◎16点以上

あなたのコミュニケーションレベルは、ひとまず合格レベル。本書のスキル2、3を参考にして磨いてほしい。

◎15点以下

おそらく人とつながるチャンスを失ってしまうだろう。部下たちは、あなたが自分の話に興味を持っていないこと、ほかのことに気を取られていることを感じ取る。

そして、とりとめもなく話したり、話題が目的もなくあちこちに飛んだりしたら、彼らは話を聞かなくなるし、あなたが何を言いたいのかわからなくなる。

人前で話すのが嫌いだと、いいリーダーになれないというわけではないが、その能力を少しでも身につけておけば、リーダーの仕事をこなすうえで貴重な武器になる。

テスト③

倫理観

ここでも同じ評価法を用いる。

1点＝まったく当てはまらない
2点＝ごくまれに当てはまる
3点＝ときどき当てはまる
4点＝よく当てはまる
5点＝つねに当てはまる

A 私は高い倫理的基準を設け、部下たちがそれに従うことを望んでいる。〔　　〕
B 倫理的葛藤に直面したら、その状況について、知恵のある人に相談する。〔　　〕
C 何か間違ったことをしたら、それを隠して見つからないことを祈るのではなく、むしろ進んで間違いを認める。〔　　〕
D 倫理的な判断に迷ったときは、少しでもいやな感じがしたら、その行動をとらない。〔　　〕
E 私は自分の倫理的態度に満足している。〔　　〕

⇨ A～Eの答えをすべて足してみよう。　〔　　〕

診断結果

◎19点以上

あなたの倫理観には、まず問題がないと言っていいだろう。

◎18点以下

この点数は、善悪の判断に問題があることを示唆している。

特に15点以下だったら、今すぐリーダーのポジションにさよならをして、後で必ずやってくる身の破滅を避けたほうがいいだろう。

どんなリーダーになりたいのか、目標を定めよう

リーダーにとって重要な側面は、**忍耐力、コミュニケーション能力、倫理観**のほかにもある。しかしこの3つが、もっとも基本的でもっとも重要だ。

あなたは、こう考えるかもしれない。「忍耐力とコミュニケーション能力はもちろんそうだろう。なぜなら、リーダーは仕事を完成するために人とうまくつき合わなくてはならないからだ。しかし倫理？　ビジネスに倫理観が必要なのか？」

そう、倫理観！　私たちは、気づいているいないにかかわらず、毎日のように道徳的な判断を下している。

日常的にルールを無視していたり、何の躊躇もなく手段を選ばない態度をとっていたりしたら、心をつかまなければならない部下という存在を遠ざける結果になってしまう。そしてまた、悪い見本を示すことにもなってしまう。もちろん、ときには一線を越えなければならないときもある。しかしいくら状況が許したといっても、あまりにたびたび倫理的一線を越えていては、リーダーとして信用されなくなってしまうだろう。

人生のすべての行動においてそうであるように、**高潔であることはマネジメントにおいても大切なのである。**

自分だけの「マネジメントの信条」をつくる

先ほど、あなたが今まで出会ったなかで最高の上司について考えた。そして今は、自分がどのような上司になりたいかを考えるときである。

信条（すなわち、自分の信ずるところをまとめたもの）をつくれば、この新しい仕事で何をどのように達成したいのかを、つねに頭に置いておくことができる。

信条の内容は、自分が統轄するグループの売上目標を決めることや、離職率を低く保つことなど、仕事に関係した細かいことだけにとどまらない。もっと高邁なものである。自分がどのような資質を身につけたいか、成功のためにどの程度まで自分の身を捧げるかを決めることによって、リーダーという仕事にふりかかる難問に備えなければならない。

まず始めに、忙しくなくて落ち着ける時間を30分見つけよう。仕事のプレッシャーのない、日曜日の朝あたりがいいかもしれない。パソコンの前に座り（または紙と鉛筆を用意し）、自分は今から1年後にいると想像する。

準備ステップ

どんなリーダーになりたいのか、目標を定めよう

そして、自分にたずねる。

「私は自分の部下にどのような上司として見られたいだろう？」

この質問に、部下の視点で答える。直属の部下の1人になったつもりになり、自分自身の勤務評定をしていると想像しよう。

コミュニケーション能力、リーダーシップ、信頼性、部下を発奮させる方法など、リーダーに欠かせない分野について、自分を評価する。

このエクササイズを真剣に行えば、自分のリーダーとしての長所と欠点がよりはっきりと見えてくるだろう。これによって、マネジメントの信条をつくる準備が整う。

私のクライアントがつくったマネジメントの信条の実例を2つあげよう。

セールスマネージャーに昇進が決まった25歳の人物

私は部下の手本となるようなリーダーになりたい。

私が正直で、率直で、仕事に情熱をもっていると部下たちが思えば、彼らも同じようにするだろう。

私は勤勉さと、その結果としての成功を賞賛する。

指導を必要としている部下を助ける。

私自身および部下に対して、全力を尽くすことを期待し、それ以下は許容しない。

非営利団体（ＮＰＯ）のリーダー（役員）になることが決まった31歳の人物

私は、自分でコントロールできることには責任を持ち、コントロールできないことに時間を無駄にしない。

私は、自分がそうされたいと思うようなマネジメント法、すなわち公正無私のマネジメント法を用いる。

私の目標：

1 すべての人に尊敬される。
2 スタッフ一人ひとりの能力を最大限に発揮させる。
3 すべての人（自分自身も含む）に高い要求をし、自己満足に陥らないようにする。

私の宣言：

1 悪いニュースを冷静に受け入れる。
2 高い行動規範を作り、善悪の基準が混乱しないようにする。
3 スタッフの利己的な行動と周囲に貢献する行動を区別する。
4 私の仕事ぶりに対するスタッフからのフィードバックを定期的に求め、彼らとのつながりが切れないようにする。

準備ステップ

どんなリーダーになりたいのか、目標を定めよう

マネジメントの信条をつくるときは、誰かを喜ばせたり感心させたりするのが目的ではないということを忘れないように。それは**自分を鼓舞するためのものであり、自分の努力を向ける先を決める宣言だ**。

自分自身の言葉で書き、自分がもっとも信ずるところに忠実になる。心の奥底を深く探り、なぜリーダーという仕事をしたいのかを突きとめる。それらに答えることで、きちんと守る可能性の高いマネジメントの信条をつくることができるだろう。

そのほか、信条づくりの際には下記の点に注意しよう。

□信条は、どちらかといえば短いほうがいい。無理に大げさな表現を使うことはない。無駄な表現や繰り返しは避けるように。

□自分に合ったフォーマットを選ぼう。先ほどの例を見ると、1人は「私の目標」と「私の宣言」に分け、もう1人はただ短い文章を並べただけだ。

□どんな書き方でもいい。文章の前に番号や黒丸をつけるという方法もある。とにかく、自分の考えを一番よく表現できる方法を選ぼう。

信条の下書きづくりが終わったら、それをいったん脇へ置き、すっかり忘れてしまう。そして2、3日したら、また気持ちも新たにそれを読む。批評や変更はいっさいせずに、とりあえず一通り読んでみる。**その後1日かけて、内容を自分の中に染みこませる。**

そこまでして初めて、信条の内容を改良する。改訂版をつくるのは、そのほうが自分が信じていること、体現したい態度、結果を出すためにどのように部下を導きたいかについて、きちんと表現できる場合に限られる。

要注意

自分の声で

あなた自身の言葉でマネジメントの信条を書くこと。どこかで読んだ一節をそのまま使ったり、尊敬するリーダーの言葉を引用したりしない。

他の人からインスピレーションを得るのはかまわないが、信条に使われる言葉はすべてあなたの中から出てきたものでなくてはならない。それは完全にオリジナルでなければならず、あなたの信条、根本的な目的、そしてリーダーとしての目的を、心から表現したものでなければならない。

有能なリーダーになるのは簡単ではない

新米リーダーであるあなたは、有能なリーダーになるにはかなりの努力が必要だと知らなければならない。さまざまなタイプの人からなる集団を導いていこうとすると、悲惨な目にあうこともあり、思いもよらない仕打ちを受けることもあり、またまったくの苦痛を味わうこともある。

人を管理するという役割を受け入れるとは、少なくとも最初の数か月間は、次のようになることを意味する。

・以前ほどよく眠れなくなる。
・家に仕事を持ち帰り、おそらく家族や友人に八つ当たりするようになる。
・職場の人間関係に問題が起こらないようにどんなに気をつけていても、やはり仲裁に走り回ることになる。
・部下に仕事を任せてそれがうまくいかなかったときに、自分の判断に疑問を抱く。

・信頼している同僚に秘密を打ち明け、それが外部に漏れる。

つまり簡単に言うと、新しい仕事にふりまわされるのを覚悟しろということだ。それは普通のことだ。

新米リーダーのほとんどすべてが、リーダー業がこんなに大変だとは思わなかったと告白する。彼らはよく「こんな目にあうとは思ってもいなかった」と言う。たいていの場合、彼らは文句を言っているのではない。ただ驚いているのだ。

私はなにも、あなたの気を滅入らせようとしているのではない。人を管理するという仕事は、大きな自信につながる経験になりうる。ただ、理路整然、予測可能という側面を期待してはいけないというだけだ。

臨機応変に対応できる能力と成熟は、時とともに身につくだろう。そして、みんなの毎日を明るくするようなユーモアも、やがて生まれてくるはずだ。

では、この仕事の見返りは何か？　最良のリーダーは、たいていの場合、すぐにより多くの責任を引き受けるようになる。

彼らにはより多くのことが期待され、その結果組織の上層部は、この見込みのあるリーダーが新しい試練にどのように対応するかを見るために、さらにより難しい仕事を任せるようになる。

これは心躍る経験であり、初期の障害を克服し優秀な結果を出すことができる者には、大きな見返りが待っている。

部下は友人ではないからといって、人間関係が大切でなくなるわけではない。むしろ、その正反対だ。

スタッフとの間に築く絆は、見えない接着剤となり、共通の目標に向かって全員を結びつけるのだ。

試してみよう

自分にあまり厳しくしない

リーダーになって最初の数か月は、あまり思いつめないようにすること。新米にありがちな間違いを犯した自分を、あまり厳しく責めないように。

1日に少なくとも1つは、何かを学ぶことを目標にする。たとえ何かで恥をかいても、そこから学ぶ。すべての決定の良し悪しを判断したり、すべての失敗を大げさにとらえないこと。優先順位をはっきり決め、それを1日に1つずつ達成していこう。

「使われている」と感じさせずに部下を「使う」

ときに新米リーダーは、自分の力に酔ってしまう。いきなり手に入った権力に溺れてしまう。自分は特別だ、ほかとは違う、優れていると考えるようになる。人づき合いの礼儀、たとえば「お願いします」「ありがとう」と言うことは、自分には関係ないと考える。

1つ例をあげよう。新しい役職について6週間になるウェスという人物がいる。彼の上司は、ウェスがこんなにも早くつまずくとは想像もしていなかった。彼はあらゆる種類の馬鹿げた決まりごとをつくり、部下たちの反感を買ったのだ。決まりごとの内容は、厳格な服装規定から、彼自身がデザインし、部下に配った凝りに凝った報告フォームに、日々の仕事内容を15分ごとに区切って書き込むことにまで及んでいた。

スタッフたちの状態は、まさに反乱の一歩手前だった。

準備ステップ
どんなリーダーになりたいのか、目標を定めよう

ウェスは悪い人ではない。ただ自分を見失ってしまっていただけだ。彼は、反省しながら私にこう告白した。

「たぶん、新しい環境で舞い上がってしまっていたのだと思う。権力を持つと、自分でも気づいていなかったような違う一面が顔を出した。部下は仕事を完成するための道具だと考えることがときどきあった。彼らもまた人間だということを忘れてしまっていたんだ」

私はウェスに、まず落ちついて、マネジメントの信条をつくり、自分のリーダーシップ・スタイルを見直すように、とアドバイスした。

細かいことまでうるさい独裁者と部下たちからは見られているとはいえ、本当のところ、彼は自信を失っていたから過剰に権力を行使していただけなのだ。

部下を使う最良の方法は、すべてを知らせることだ。自分がどのように使われているかを、彼らにきちんとわからせる。

あなたが部下に何を望むのか、彼らの仕事ぶりがなぜ重要なのかをはっきりさせることだ。以下のような言葉を使って、それを伝えよう。

・きみの仕事のおかげで、私たちは〜ができるだろう。
・次の仕事をしてもらうことによって、きみの完全な貢献を求めたい。
・きみの技術をもっと効果的に使う方法がある。

あなたが彼らの最大限の努力を必要としていることを伝えれば、彼らもまた、自分は単なる歯車ではなく大切な存在なのだと感じることができるだろう。

部下の努力であなたが恩恵を受けたときは、それを秘密にしない。彼らは、上司を天才に見せることも役立たずに見せることもでき、そして自分にその力があることをよくわかっている。

プロスポーツの世界がそのいい例だ。コーチに愛想を尽かすと、選手たちはコーチをクビにするために手を抜いたプレーをする。または、意図的にコーチの計画の邪魔をする。コーチが不適切なやり方で選手を利用しようとすると、それは公の場での屈辱と失職という形で跳ね返ってくる。

部下たちの功績を認め、それを公にし、個人にも伝えることによって、彼らとの間にそのような問題を起こすのを避けることができる。

部下の仕事ぶりに感謝していることをきちんと示せば、少ない努力でよりよい結果を出すことができる。これは正しいことであり、効率的で効果的なマネジメントだ。

まずやるべきなのは、今すぐリーダーと部下の間に線を引くことだ。後からではダメだ。過去に仲間だったからといって、今でもそうだとは限らない。

あなたはリーダーになったのだから、関係も変化しなければならない。親しさは失わず、しかしプロ意識を保ちあまり親しくしすぎないのが理想的だ。

そうすれば、えこひいきと見られて他の部下の嫉妬をかったりすることがない。友人は別の場所で探すのがベストだ。

こんな思い込みはありませんか？

リーダーになったばかりの人のほとんどが、その新しい地位で成功する方法を完璧に知っていると考えている。

そんなはずがない。それはまったくの思い込みだ。

私が新米リーダーを指導してきた経験から、次のような思い込みがもっとも一般的であることがわかった。

・この地位につくことができた能力があるのだから、リーダーという新しい仕事でも成功することができる。
・部下たちは私がすべての答えを持っていることを期待している。
・部下たちも私とたいして変わらない人間だろう。

このような思い込みが実際のところ正しいのかどうか、くわしく検証していこう。

準備ステップ

どんなリーダーになりたいのか、目標を定めよう

思い込み1 同じことを、前よりもうまくやるだけでいい

あなたがリーダーに昇進したのはなぜだろう？　自分の専門知識や技術がそのまま人を導く資格になるなどと、一瞬たりとも考えてはならない。

もちろん、あなたは数学の達人かもしれないし、創意工夫の才に恵まれているかもしれない。しかし、その特別な知識や才能でどれほど賞賛されていようとも、それでリーダーになれると保証されたわけではない。

あなたが今までにつちかった知識や技術のおかげで新しい地位を手に入れることができたわけだが、実は、人を管理する能力とその知識や技術は何の関係もない。

部下を教育し、自分の知恵を伝える必要ももちろんあるが、差し当たってしなければならないのは、**部下の信頼を勝ち取り、彼らが素晴らしい仕事をするよう援助することだ。**

恐ろしいことだが、しかし事実だ。新しいリーダーであるあなたは、また一から始めることになる。今までの実績に頼ることはできないのである。

思い込み2 ☞ 私はすべての答えを持っていなければならない

新米リーダーにとって一番難しいのは、「わからない」と認めることだ。

自分は部下たちからすべてを知っていることを期待されていると思っているなら、それは間違いだ。彼らは、ボスはただ自分の仕事をしているだけだとわかっている。

あなたに質問をする部下は、もちろん満足のいく答えを期待しているだろう。しかしあなたが答えられなくても、陰でバカにしたり、無能だと思ったりはしない。

すべてを知っているリーダーはいない。皮肉なことに、最高のリーダーの中には、仕事の内容について部下よりもわかっていない人もいる。しかしその無知が、職場に新鮮な視点をもたらす助けになるのだ。

リーダーの成否を分けるのは、何を知っているか、または何を知らないかといったことではない。**部下たちとの絆をどのようにつくるか、そして部下たちが自分で答えを見つけるのをどのように助けるかが大切なのだ。**

思い込み3　自分を管理するように、部下を管理すればいい

部下は上司の分身ではない。上司と同じことを信じているわけでも、同じ望みを持っているわけでもない。あなたにとっては寝耳に水の話かもしれないが、よく肝に銘じておいたほうがいい。

そんなことは当たり前だ、とあなたは思うかもしれない。しかし多くのリーダーは、「部下は私と同じだ」という思い込みにとらわれている。

たとえばあなたは、物事を分析するときに問題点を探すのが好きだとしよう。そのやり方は、物事を両面から見る助けになる。たしかにいいアプローチだ。

しかし、そのやり方を嫌う部下もいるかもしれない。自分があなたから批判されていると感じてしまうかもしれない。

その部下は、あなたがただ問題を両面から見ようとしているのだとは考えないだろう。部下のいいアイデアをバカにする上司だと考え、それを同僚たちの間に広めるだろう。

あなたが技術者としての評判を確立しているとする。それはそれで素晴らしいことだ。しかしそれらの技術のほとんどは、人を管理するうえでは役に立たない。

リーダーに昇進したばかりのベテラン社員は、たいていこの事実に驚きを覚える。自分の勢いは止まらないと思っていたのに、それまでの専門的なトレーニングは部下と向き合うときにほとんど役に立たないのだ。

もし何か予備知識が必要だというのなら、1つ確実なものをお教えしよう。それは、**部下はそれぞれ違う**ということだ。

同じ話を聞いても、解釈のしかたはみな違う。あなたには恐ろしいことでも、部下にとってはワクワクするようなことかもしれない。そしてあなたが発奮することでも、彼らにとっては退屈かもしれないのだ。

チーム内の多様性を認めよう。自分の姿を他人に投影しないこと。それぞれの部下を独自の存在として扱えば、彼らが日々の仕事で見せる態度や考え方の多様性を、むしろうれしい驚きとして見られるようになるだろう。

2 リーダーについての神話から解放されよう

人を適切に管理することに関しては、本当に多くの誤解が存在する。間違った思い込みは、いいリーダーになろうと心から思っている人をも惑わしてしまう。

ほとんどの新米リーダーが、すべてを手に入れようとする。部下と友だちになろうとしながら、一方で自分の弱さを見せず、間違いを決して認めようとしない。部下の意向を無視するような決断を性急に下しながら、自分はいつでも部下の味方であると誇らしげに考える。リーダーたるものは一瞬の躊躇もなく前に進まなくてはならないと考え、人の話を聞かずに命令を下す。

効果的なマネジメント法に関する神話と現実を区別できるように、以下に主な神話の間違いを指摘しておこう。

神話1 リーダーがすべての決断を下さなくてはならない

会社に勤めている人間は、平均して一日に百回、誰にも指示を受けずに決断を下すといわれている。あなたがリーダーの権力をどれほどのものと考えていようと、すべての状況に介入してそこで王様、または女王様の役割を演じることはできない。

ただリーダーであるという理由ですべてを支配できるなどと、たとえ一瞬たりとも信じてはならない。

あなたがボスであるという事実は、部下に仕事を割り当てる権利があるということを意味しているのだ。

つまり、**他の人にあなたに代わって決断を下してもらう**のである。

自分は一歩引き、部下を運転席に座らせることによって、静かにマネージャーの役割を果たし、自分の権威を知らしめることができる。忠誠心とチームワークはそこから生まれてくるのだ。

まともな神経のリーダーなら、すべての決断を下したいとは思わないだろう。そんなことをしたら、間違いなく身の破滅につながる。

エネルギーという点だけで見ても、すべての決断を下していたらすぐに疲労困憊してしまうだろう。

そのほかにも、部下の息を詰まらせるという危険がある。いつでも上司がハンドルを握っていたら、チームワークの勝利は決して達成できない。

部下をただの駒のように扱っていたら、部下も自分はただの駒だと考えるようになる。

そして、世界中の重圧（または、少なくとも仕事上の問題のすべて）が、あなたの肩だけにのしかかる。

迷ったときに

口出ししない

　命令を出す前に、自分に２つの質問をする。「**もう１週間待って、様子を見たらどうなるだろう？**」「**必要な事実はすべて手に入れただろうか？**」。

　もしあなたが手を出さずに黙っていたら、部下は自分で問題を解決するかもしれない。さらに注意深く観察すれば、自分の命令は必要ない、またはむしろ問題を悪化させるだけだということに、気がつくかもしれない。

神話2 誰も信用できない

昔ながらの管理主義的なマネジメント・スタイルを信奉している人は、部下を信じるのは愚かなことだと考えている。彼らは次のような思考をたどる。
「もし誰もが悪だくみしていると警戒していれば、つけ込まれることはないだろう。そして部下の監視を強化すれば、悪だくみをしている者をすぐに見つけて排除できるだろう」

この神話を信じると、リーダーはいつでも自分の身を守らなくてはならないという間違った考え方に、自然と行き着いてしまう。組織のニーズや部下の利益よりも、まず自分を優先するようになるのだ。**誰も信用しないという姿勢はリーダーの仕事では害にしかならず、必ず自分を孤立させてしまう**。

しかし盲信もまた、同じくらい危険である。誰もが秘密を守るわけではないが、だからといって、部下は全員口の軽い人間だと決めつけるのも間違いだ。

リーダーであるあなたは、信頼は諸刃の剣だということを学ぶ必要がある。

神話3 いつでも客観的でなければならない

いつでも冷静なリーダーを演じたいという気持ちはわかるが、**感情を殺しすぎると自分本来の人間性を失ってしまう。**

リーダーはロボットのようでなければならない、感情をまったく見せずに次から次へと仕事を片づけなければならない、などという決まりは存在しない。

リーダーになって最初の数か月は、無理に威厳を出そうとして自分らしくない振る舞いをするだろう。笑いたいのをこらえたり、話し合いを活気づかせるために冗談を言うのも拒否したりする。

あるいは、部下の熱狂につい引きずり込まれるのは未熟である、または軽率であると考えて、その熱狂に石のような沈黙で応えようとする。

これらのアンドロイドのような振る舞いは、人を管理するうえではまったく役に立たない。強くてへこたれない人物として見られたいと思っていても、感情のない冷たい人だと思われてしまうだけだ。

意志の強さを身をもって示したいのかもしれないが、視野が狭くて他人の心がわからない人だと思われるにすぎない。

もちろん、**時と場合によっては、行きすぎは禁物だがある程度の客観性を保つ必要がある**。

データを集めなければならないときは、できる限り冷静に、感情を排して行うべきだろう。たとえば、部下の苦情を調査するとき、複雑な問題に対して違った解決法を試みるとき、顧客調査の結果を分析するときなどだ。

それと同様に、部下に対して「ノー」と言わなければならないときも、感情ではなく事実をもとにして伝えるべきだ。厳しくなる必要があるときは、自分の立場を裏づける確かな証拠が数多くあるほど、それが容易になるだろう。

確かなデータの裏づけがあれば、感情的にならずに、「ノーはノー」という態度を貫くことができる。そこで客観的な態度を崩しては、意思決定のプロセスを長引かせてしまうだろう。

神話4　自分はスタッフを守らなくてはならない

ロンの上司は何かが気に入らない様子だった。彼女はロンを自分のオフィスへ呼ぶと、ドアを閉め、彼がカスタマーサービスのスタッフをきちんと管理していないと小言を言いはじめた。

「あなたの部下はベルが4回鳴っても電話に出ようとしないじゃないの」と彼女は言った。「やっと受話器を取っても、まるでやる気のなさそうな声を出す。彼らをちゃんと教育して、会社の基準に見合う仕事をさせなければだめじゃない！」

ロンはとっさに、自分がするべきだと思っていることをした。

つまり、部下をかばったのだ。彼らがいやいや仕事をしているように見えるのは、「人手不足で働きすぎだからだ」と弁解した。

あなたがロンの主張をどう考えるかはさておき、とにかく彼が**部下のだめな仕事ぶりをかばう必要はない**ということには、気づいていなければならない。

ロンの上司は、言い訳を聞きたいわけでも、説明を求めているわけでもない。彼女はただ、問題を正したいだけ、それだけだ。ロンが躍起になって部下をかばうほど、上司はますます腹を立てる。そしてロンのリーダーとしての評価も下がる。

自分の部下への批判を自分への批判のように受け取るようだったら、あなたもこの神話にとらわれている。

人を管理する仕事においては、自分の仕事と部下の仕事を分けて考えることが大きな部分を占める。どんなにきちんと教育しても、部下が期待に応えない、または能力のなさを露呈してしまうこともある。それが人生だ。

部下はおそらく失敗するだろうし、あなたの上司はそれが気に入らないだろう。それは避けられない事態だ。だから、心の準備をしておこう。**それが正当だと確信できる場合に限り、部下をかばう**のだ。

チームにあまりにもいれ込みすぎて、批判を耳にするたびに、その内容をよく考えずに反射的にかばってしまうのは慎まなければならない。

迷ったときに

口数を少なく、聞くことを多く

上司や同僚から部下をかばいたくなったら、以下の方法を試してみよう。

口を挟まず相手の話を聞く。部下についての気がかりなことや怒りを、相手がすべて言い尽くすまで待つ。性急に答えてはいけない。さらに情報を集めるために、いくつか質問をする。または、ただ実例を求める。

この方法の利点は２つある。まず１つは、とっさに部下をかばうのを避けることができる。もう１つは、自分が成熟したリーダーであり、うれしくないニュースを真っ正面から受けとめ、さらに事実を掘り下げることができると、相手に示すことができる。

神話5 リーダーは譲歩してはいけない

一度自分の立場を表明したら、何があってもそれが正しいことを証明しなければならないと考えるリーダーが数多くいる。または、謝罪することや間違いを認めることを拒否して、自分の権力を証明しようとさえする人もいる。

彼らがこの神話に固執するのは、自分には力がある、自分は絶対正しいという気分になれるからだ。ここは譲るべきだと本当はわかっていても、ボスたる者は自分の立場を守り通すべきであると考え、頑なな姿勢を崩さない。

この危険な神話を放棄し、譲歩したほうが、不屈の闘士を演じるよりも利益になる――そんな6つのケースを、以下に紹介しよう。

①間違ったことを言ってしまったとき

不正確な情報に基づいて決定を下した場合、その決定に固執するのは百害あって一利なしだ。間違いを率直に認める上司を軽蔑する部下は1人もいない。

命令をすでに出してしまった後で間違いに気づいた場合でも、**黙って災難が起こるのを待つよりは、きちんと訂正したほうがいい。**

②つまらないことで争っているとき

大金がかかった交渉に臨んでいるのなら、相手が少しでも拒否の姿勢を見せたところで引いてしまうのは、誰が見ても賢いやり方ではない。

しかし、仕事をさぼって10分かそこら姿をくらませていた部下の罰し方というような、どちらかといえば**どうでもいい問題の場合は、小さな戦いで勝ちを譲るという寛大な立場を見せておいたほうがいい**だろう。

ここで頑なになると、その様子を見ていた人たちがあなたを警戒し、どんな動きでも疑いの目を向けるようになるだろう。

③状況が変わったとき

新米リーダーは、自分の正しさを証明してリーダーシップを示したいときは、譲らずにがんばる必要がある。しかしその出来事が予想外の展開を見せ、もう戦う価値がなくなってしまった場合は、変化の波に逆らうのは愚かなことだ。

1つ例をあげよう。職場の服装規定に違反した部下を謹慎処分にした場合、ほかの部下から抗議の声があがったからといって、処分を撤回したくはないだろう。しかし、そこで社長が新しい方針を発表して、毎日が「カジュアルデー」になり、服装についての決まりが緩やかになった。これで簡単に譲歩することができる。この機会を逃す手はない。

④前例で救われるとき

ほかのマネージャーが同じような問題に直面して譲歩し、それでも体面を失わなかったのなら、あなたは安心して彼らの後に続くことができる。

たとえば、厳格な規律を制定しようとして部下の反発にあったとする。そこで、同じことをしようとした他のマネージャーが、部下の訴えに譲歩し、彼らの意見を採り入れて最終的な規律を決めたという話が伝わってくる。

あなたは、「この種の問題を話し合いによって解決するのが我が社の文化だから、私も君たちの意見を採り入れよう」などと言うことで、体面を保つことができる。

⑤上司に反対されたとき

譲歩せずに自分の立場を固持する最大の理由は、自分が波風を立てるのをためらわないことや前任者よりも大胆な仕事を行うことを、上の人間に対して証明するためである。

だが、その場合は、本当に上司があなたの気骨に感心しているかどうか確認しなければならないだろう。上司に反対されたなら、譲歩しない理由はない。

⑥素晴らしい結果が待っているとき

リーダーであるあなたは、体面のためだけに争う若者と違い、本来の目的を犠牲にするわけにはいかない。**譲歩した結果、チームの仕事が動き出し、重要な目的を達成できるのなら、譲歩するべきである。**

チームが明確な成果を上げる利点は、譲歩することで生じる損害を上回るはずだからだ。

譲歩するのが賢いケースは、以上の6つのシナリオだけではないだろう。**立場に固執したくなったら、自分の本心を検証することが大切**だ。

あなたは、何を犠牲にしてでも、自分の立場を守りたいのだろうか。それとも、引き時を知ることによって強さを示し、将来のより大きな勝利を手に入れたいのだろうか。

神話6 リーダーが最高の教師である

この神話を検証するにあたり、あなたは1つのまぎれもない事実を受け入れなければならない。それは、自分はすべてを知っているわけではないという事実だ。

部下を与えられたからといって、部下の唯一にして絶対の教師になったというわけではない。あなたの仕事は、部下たちを手取り足取り指導し、自分の知識をすべて伝えることではないのだ。

部下にとってのあなたは、数多くある知識のソースの1つである。そう考えれば、あなたもいくらかほっとするはずだ。

まずはじめに、部下たちは互いの知識を吸収することで学んでいく。チームになることによって、もっと賢く働くためのコツやテクニックを身につけていく。

それに加えて、ほかの上司、チームのマネージャー、外部のコンサルタントなどからも、知識を吸収することもあるだろう。

準備ステップ
どんなリーダーになりたいのか、目標を定めよう

あなたは部下にとって最高の（または唯一の）教師ではないが、それでも**部下が学ぶ機会を増やすことはできる**。まず手始めに、突っ込んだ質問をすることを部下に奨励しよう。そしてスタッフ・ミーティングでは、自分が部下の質問のすべてに答えなければならないと考える必要はない。質問について全員で話し合い、参加者が互いにアイデアをぶつけあうようにする。その場合、部下たちが自分で答えを探すこと、そして互いに情報や意見を交換しあうことが理想である。

自分こそが部下にとって最高の教師であると思い込んでいると、平凡な一般論ばかり口にしてしまったり、知らないことでも知っているふりをしたりするはめに陥るだろう。それだけでなく、部下たちはあなたの「自分がいつでも正しい」という態度にうんざりし、あなたの信頼性に疑問を持つようになる。

リーダーの仕事は、部下に必要な知識をすべて教えることではない。**彼らに自分の力で答えを見つけさせることによって、よりモチベーションの高い知的なチームをつくることができる**のだ。

□自分が下す決定を制限し、部下により多くの責任を与える。

□部下の言うことすべてを鵜呑みにするのは愚かなことだが、彼らにあなたの信頼を勝ち取るチャンスを与えなければならない。

□それが適切なときは、熱意を表に出し、本当の気持ちを表現する。リーダーは感情を表に出してはいけないと考え、本当の自分を隠すのはよくない。

□必要なときは、部下の味方になる。しかし部下が批判されるたびに反射的にかばうのはよくない。

□無理に自分の立場に固執するよりも譲歩したほうが利益になるかどうか分析する。

□自分が部下の唯一の教師になろうとするのではなく、彼らに学ぶ機会を豊富に与える。

リーダーとしての目標を定める
ためのチェックリスト

□やり手のリーダーを手本にする。彼らの成功の鍵を分析し、それを自分のひな形にする。

□自分のマネジメント・スタイルを批判的にならず、よりよく知ることによって、自信をつける。

□マネジメントの信条をつくり、自分が体現したい資質、成功するためにどんな献身をするかをリストにする。

□リーダーになったら職務にふりまわされることを覚悟する。成功のために犠牲を早めに払う準備をしておく。

□部下の労働ではなく、そのプライドを利用する。部下の利益を忘れなければ、自分のために彼らを利用するのはかまわない。

□リーダーの仕事の妨げになるような思い込みを避ける。

SKILL 01

第1日目に部下の心をつかむ

1 首尾一貫した態度をとる
2 最初のミーティングを成功させる
3 部下の不満を知り、解決する
4 部下にフィードバックをもらう
5 問題を予測し、準備する

おめでとうございます！　あなたは昇進したのだ。今日がその新しい仕事での初日だ。一張羅に身を包み、美容院へ行って髪型も整え、部下と共に素晴らしい成績を上げようと張り切っている。

あなたは新しい仕事で好スタートを切りたいと考えている。先輩マネージャーたちは、第一印象がすべてだと警告してくれた。だからあなたは、まず初日から、部下たちとの間に正しい関係をつくるためにできることはすべてすると決心している。

それに加えて、より早く信頼を勝ち取れば、部下たちを指示に従わせるのが容易になることを知っている。

あなたは今、顕微鏡で覗かれている。考えただけでも緊張するかもしれないが、しかし本当のことだ。部下も上司も、あなたの言葉を注意深く聞き、あなたの行動を注意深く観察し、そして判断を下す。警官が容疑者に言う言葉にあるように、あなたの発言はすべてあなたの不利になるよう利用される可能性があるのだ。

1 首尾一貫した態度をとる

新しい仕事で好スタートを切るベストの方法は、自分の主義主張をはっきりさせ、それを全員に伝えることだ。あとは、言葉通りに実行すること。

まず始めにいくつかの大原則を提示し、その後の数週間か数か月の間、原則通りに行動するリーダーは、必ず部下から尊敬される。

リーダーになって最初の数週間は、矛盾を見せたり、同じ質問に違う答えを与えたりしないようにするのが大切だ。 部下がいたく立腹した様子で、「昨日は違うことをおっしゃったじゃないですか」「私の要求を受け入れてくださったのかどうかはっきりしてください」と言ってきたら、あなたは出だしでつまずいたことになる。

それを避けるには、以下のルールに従おう。

首尾一貫した態度をとる

4つのルール

1 時と場合によって言うことを変えない

部下の質問には、余計な話を付け加えず簡潔に答える。２人の部下が同じ内容を別の表現でたずねてきたとしても、同じ答えを与える。同じ内容の質問なら、その時々で私見を交えたり表現を変えたりして答える必要はない。

2 守れない約束はしない

つねに、「約束は少なく、実行は多く」を心がける。守れると確信できる約束でも、明言は避ける。そこで部下の期待以上のことをすれば、あなたは英雄になれるだろう。

あなたの言動は一致しているだろうか？
それを一致させることが、
部下の信頼を得る最初の一歩だ。

3 知ったかぶりをしない

ほとんど知らない、またはまったく知らない分野については、絶対に権威者ぶって話してはならない。

当たり前のことだと思うかもしれないが、多くの新米リーダーは、最初の数週間は知らないことを認めるのをひどくいやがるものだ。しかし、自分の限界を認めること、部下とともに学ぶ意志を見せることが、信頼を勝ち取る最良の方法である。

4 えこひいきしない

誰かを特別扱いしたくなるようだったら、あなたは必ず失敗する。すべての人を同じように扱うこと。どの部下を相手にしているときでも、同じメッセージを伝え、同じ答えを与え、同じ目標を提示する。

要注意

はぐらかさない

ほとんどの部下は、率直に話すリーダーを好む。彼らの相談にいつでもはぐらかすような答えを（たとえば「その件は後で話そう」「様子を見よう」「善処する」など）与えていたら、あなたは軽蔑される。

まじめに答える意図がある限り、「わからない」と答えるほうがいい。

2 最初のミーティングを成功させる

スタッフの何人かとすでに個人的に会っていたとしても、印象を決めるのはやはり最初のミーティングであり、本当の自己紹介もここで行われる。

参加者全員が気持ちよくミーティングの時間を過ごすことができれば、あなたは幸先のいいスタートを切ったことになり、自分のリーダーシップにも自信が持てるだろう。

では、最初のミーティングを成功させる7つのポイントを見てみよう。

最初のミーティングを成功させる

7つのポイント

1 リーダー就任の初日に行う

1週間か2週間たってからでは遅すぎる。

2 部下から質問されそうなことをリストアップし、答えられるようにしておく

答えを何度も口に出して言い、以下の点を確認する。

□自分の言いたかったことを言ったか？
□部下が理解できるような言葉や言い回しを使ったか？
□明確かつ簡潔にコミュニケーションしているか？

3 小さめの会議室を予約し、参加者が互いに近く座れるようにする

親密な雰囲気をつくり出すことができる。近くに座っていたほうがメンバーと目を合わせながら話すのが容易になる。

参加者全員が
ここで気持ちよい時間を過ごせれば、
あなたへの信頼度は間違いなく上がる。

4 自分の緊張を隠さない

初日はどうしたって緊張するものだ。「私が緊張しているのは、この仕事を大切に思っているからだ」と自分に言い聞かせよう。

5 部下の名前を前もって覚えておく

部下の名前については、人事部に頼み、前もって名簿を入手しておく。顔写真と簡単なプロフィールもつけてもらえば、事前に名前と顔を一致させておくことができる。

6 自己紹介は短くする

基本的な情報だけにとどめる。名前、前の仕事、そしてチームのもっとも大きな目標だけでいい。

7 自分の手柄話をしない

部下の話を強引に自分の話に結びつけないこと。それをやると、部下は萎縮してしまう。

メソッド

円になって座る

円を描くように椅子を配置し、あなたも含む全員が同等の立場として参加できるようにする。

教室のような椅子の配置は、あなたと部下の間に見えない壁を築く。なぜなら、何列にも並べられた椅子に座ると、彼らは生徒のような気分になり、あなたを教師と見なすからだ。

同じことは、あなたがいちばん上にくるU字型の配置にも言える。

3 部下の不満を知り、解決する

最初のミーティングと、それに続けて一対一の話し合いをすれば、メンバーがいちばん気にかけている問題が見えてくるだろう。その情報から、どこに重点を置けばいいかがわかり、早い段階で成果を上げることができる。

メンバーの気持ちをくみ取り問題解決ができることを示せば、他のどの方法よりも効果的にチームを勢いづかせることができる。

たとえば、部下の不満が会社の融通の利かない官僚的な体質にあるなら、規制をゆるめる方法を見つける。

部下が働きすぎで疲れ果てていると訴えたら、そしてその言葉通りだったら、根本的な解決策を探るかたわらで、派遣社員を雇って人手を増やしたり、仕事の一部を自分が肩代わりしたりして、彼らの負担を軽くする。

では、部下の不満を解決するためのいい方法を紹介しよう。

部下の不満を解決する

3つの方法

1 長期間の悩みの種を取り除く

ある問題で悩んでいた期間が長ければ長いほど、それを解決した人物はヒーロー視される。あなたは新任のリーダーなのだから、着任前からある問題について責めを負う必要はない。だから多くの場合において、何も失うことなく部下が訴える問題に取り組むことができる。

2 部下の仕事を楽にする

部下が楽に仕事をできる方法を見つける。たとえば、意味のない手順を廃止したり、勤務時間を自由に選べるようにしたり、書類の数を減らしたりする。人手を増やすことも必要かもしれない。

部下といい関係を築くために、
彼らの気持ちをくみ取り
問題解決できることを示そう！

3 チームリーダーを決め、彼らに解決策を提案させる

チームリーダーを、あなたが決めるのではなく部下の間で選ばせる。チームリーダーたちに細かい予定表を配り、解決策のリストを提出する期限を書いておくのはもちろん、あなたがそれに対応する時期についても明記しておく。そして後は、その通りに実行する。

要注意

与えすぎない

新しい部下に気に入られようとするあまり、多くを与えすぎてしまうことがある。「ちょろい相手」だと思うと、部下たちはあなたの親切につけこんでどんどん要求をつり上げてくるだろう。

要求に応えれば応えるほど、彼らはさらに要求する。それが永遠に繰り返され、あなたは部下を喜ばせるために、本来の目的に沿わないような要求も受け入れるようになってしまうのだ。

4 部下にフィードバックをもらう

就任1か月のリーダーに、それまでの経験を一言で表現するとどうなるかとたずねると、いちばん多い答えは「孤独」だ。

どんなにいいスタートを切ったと思っていても、自分の仕事ぶりは実際のところどうなのかがまるでわからないと、彼らはよく告白する。

自分の仕事ぶりについて部下から有益なフィードバックを集めれば、手遅れになる前に適切な対応をすることができる。

そのためには、**職場に意見を言いやすい雰囲気をつくっておく必要がある。**上司の仕事ぶりを実況中継してくれるような部下はまずいない。

部下からのフィードバックは、それが耳に心地よくてもそうでなくても、新米リーダーにとってかけがえのない宝である。それを1つひとつ吸収することができれば、自己欺瞞に陥らずにすむだろう。

部下にフィードバックをもらう

3つの方法

1 フィードバックの流れを決める

紙1枚におさまる簡単なフィードバック・フォームを、たとえば隔週行われるミーティングのときなどに、定期的に部下に配布する。
《部下のやる気を出させる能力》
《人の話を聞くかどうか》
《部下の要求への対応の仕方》
《どれくらい部下をサポートしているか》
といった主要な分野でのでき具合を、5段階で評価してもらう。

2 日常的にフィードバックを求める

リーダーに就任した最初の数か月は、部下の意見やアイデアに興味を持っていること

**職場に意見を言いやすい
雰囲気をつくるのも、
リーダーの重要な仕事の１つだ。**

を積極的に示す。

たとえば、次のように言うといい。「きみはいろいろな提案をしてくれたが、まだ互いに話していないことが1つある。それは、これまでのリーダーとしての私の仕事ぶりについて、どう思うかだ。きみの意見をぜひ聞かせてほしい」

3 部下の態度から変化を読み取る

こんなやり方もある。部下の人となりを知る過程において、彼らがあなたにどのように接しているか注意する。

あなたと話すときに笑っているだろうか？　うちとけた様子だろうか？　廊下でばったり会ったときに、向こうから声をかけてくるだろうか？

それらの観察の結果をもとに、最初の1、2か月の間の部下の態度の変化を読み取る。

たとえば、前は昼食時に会えば積極的に話しかけてきた人が、最近はそうでもなくなったのなら、その理由を探りだす必要があるだろう。

ヒント

フィードバックを求める態度

デイヴの部下たちは、彼の仕事ぶりをどう思うかについて、自由に彼に話した。デイヴは初日から、すべてのフィードバックを大切にすると誓いを立てていた。うれしくない内容のフィードバックにも、「後ではなく、今これを知ることができて本当にラッキーだ」と考え、快活に対応した。

また「フェアではない」「私の責任の範囲を超えている」と思える意見でも、「私に指示を出すのは彼らの仕事ではない。彼らはただ、正直な気持ちを言ってくれているだけだ」と考えるようにした。

フィードバックに対しては、彼は必ず「**ありがとう。もっとほかにはない？**」と答えた。そして、この姿勢に励まされ、部下はさらにフィードバックをするようになった。

5 問題を予測し、準備する

突然襲いかかる危機ほど、チームの勢いを殺してしまうものはない。それは何の前ぶれもなくやってきて、全員のエネルギーを一度に奪ってしまう。

もちろん、すべての危機を未然に防ぐことはできないが、**リスクを減らす準備をしておくことならできる**。問題を予測し、それに対する戦略を立てておこう。

問題を予測し、準備する

3つのポイント

1 前任者たちとのミーティングを行う

前任者のいない新しい分野を任された場合は、組織の内外で似たような地位にいた人を探し、その人に話を聞く。就任したばかりのころに起こりがちな問題をある程度予測しておくために、効果的な質問をしよう。

2 問題点を予想し、上司と話し合っておく

新しい仕事で直面しそうな事柄をリストにする。そして、そのリストを上司にも見せる。それぞれの項目について話し合うときに、落とし穴はどこか、それを避けるには

リスクへの備えは万全だろうか？
ここの準備を怠らないリーダーが、
部下の心をつかむのだ。

どうすればいいかといったことについて、上司と一緒に考える。

少なくとも、起こりそうな危機に冷静沈着に対処するようあなたを導いたり、リスクを減らす方法を考えたりする助けにはなってくれるだろう。

3 問題を事前に察知する能力を部下にも身につけさせる

スタッフ全員の危機管理意識を高めるために、あなたが来る前にいちばん問題だった危機は何だったかとたずねる。たいていの人は、うまくいかないことについて話すのが好きである。だから彼らは、数多くの最悪のシナリオを提供してくれるだろう。

もし、話すような問題や困難が過去にそれほどなかったとしたら、「きみがいちばん恐れる危機は何か」とたずねる。

試してみよう

問題を予測するために、前任者に質問したいこと

□最初の半年でいちばん驚いたことは何ですか？

□最初の６か月で経験した最悪の危機は何ですか？

□事前にこれだけは知っておきたかったということが１つあるとしたら、それは何ですか？

□将来の問題を最小限におさえるために早い段階でしたことは何ですか？　これをやっておけばよかったと思うことは何ですか？

第1日目に部下の心をつかむ
ためのチェックリスト

□リーダーになった最初の数か月は、明確で、首尾一貫したメッセージを送る。自分の基本原則と大きな目標を示し、それを守る。

□知らないことがあったら、知らないと認める。

□リーダーとしての初日にミーティングを開き、強い第一印象を与える。部下が自己紹介をしたり自分の長所について語ったりする時間も多く取る。

□早い段階で成果を上げる。たとえば、部下に嫌われている官僚的な手順を取りのぞいたり、よりよい道具や装備を揃えたりする。

□リーダーにフィードバックをしやすい雰囲気をつくる。部下が意見を言う場をたくさん設け、その意見を素直に受け入れる。

□問題を予測し、適切な戦略を立てることによって、危機を未然に防ぐ。

SKILL 02

部下の話をよく聞く

---

1 黙って口を挟まずに聞く

2 聞いて何を学びたいかを明確にする

3 部下の話をよく聞く３つのステップ

4 部下に対して言い訳しない

5 ボディーランゲージに注意する

多くの新米リーダーは、今まで黙って人の話を聞いてきたが、今度こそ自分の話す番がやってきたと考える。

かつて部下だったころは、ただ命令を受けるだけ、ボスが長々と話すのを静かに聞いているだけだった。今までは、唇をかみしめ、ボスの自慢話に貴重な時間が取られても何でもないふりをしてきたが、もうそんなことからは解放されたのだ。

しかし**実際は、権力のある人ほど、聞く能力を身につけることが大切なのだ**。周りの人を観察し、情報を引き出す能力は、人を説得するときに役に立つ。

たとえ疲れていても、ほかに気を取られることがあっても、それでも人の話を聞く意志があるという姿勢を見せれば、周りの信頼を勝ち取ることができる。相手の話をただ表面的に聞くのではなく、いつでも自分なりに解釈し、分析していれば、ダメージの大きい誤解を避けることができるのだ。

あなたは、自分のコミュニケーションの弱点を把握しているだろうか？　把握していないという人は、次のページのテストをやってみてほしい。

テスト

あなたのコミュニケーションの弱点は？

自分が基本的にどうやって人の話を聞いているかを知ることによって、明確なコミュニケーションの妨げになっているものを見つけることができる。

以下の項目から、自分に当てはまるものを選んでみてほしい。

□聞くよりも話すことのほうが多い。
□感情が高ぶっているときは、人の話を聞くのが困難だ。
□まったく他のことを考えていても、聞いているふりをすることがよくある。
□たいてい次に何を言うかを考えながら人の話を聞く。
□話を聞く相手を選ぶ。尊敬する人の話なら注意して聞く。
□おしゃべり好きの人につかまると、すぐに違うことを考えはじめる。
□同じ話を繰り返す人に対しては話をさえぎることがよくある。

診断方法

当てはまった文章が、あなたの弱点を示唆している。しかし、自分が何か「悪いこと」「間違ったこと」をしているのかと心配する必要はない。

私が教育を担当した多くの新米リーダーは、当てはまる文章が3つか4つあるとひどく心配した。自分は根本的な治療が必要な、最悪の聞き手なのではないかと考えてしまう。

しかし、前ページの文章のいくつかに当てはまるのは、人として普通のことだ。

大切なのは、自分の弱点を自覚し、聞く能力を高める戦略を立てることなのだ。

1 黙って口を挟まずに聞く

聞く能力を向上させたいなら、最初のステップは、とにかく黙っていることだ。

沈黙できるようになったとしても、すぐにいい聞き手になれるわけではない。話を聞いているふりをして他のことを考えているかもしれないからだ。

部下が自分の力で考えるよう導こうとしているのなら、あなたの沈黙は、彼らの意見を聞く意志があることの表れとなる。やたらと口を挟むことなく静かに聞いていれば、部下を思い通りに操るつもりがないことを示すことができる。

このやり方は、部下が難しい決断を下すのを助けるときにとりわけ役に立つ。新米リーダーは、一分の隙もない理論を構築し、自分の考えが正しいことを示す理由をいくつも列挙する傾向がある。

しかしそのやり方で、違った考えを持つ人を説得できるとは限らない。ある事柄について相手を納得させるには、相手に話をさせ、自分で自分を説得させるのがいちばんなのだ。

[話を聞くだけで、部下は育つ]

1 とにかく黙っている

↓

2 部下が自分で話し、
自分で納得する

↓

3 部下に決断力がつく

ワンポイントアドバイス

最悪の聞き手は、言葉を武器として使う。事実や意見や実例を次から次へと並べれば、チームの反対を押し切り、自分の意見に従わせることができると考える。

しかし、事実はその正反対だ。黙っていることによって、こちらの正しさを相手に認めさせることができるのだ。

何をするかを決めるのは部下自身であることを忘れないように。あれをしろこれをしろと指図ばかりしていたら、部下は自分で考えない、覇気のない人間になってしまうだろう。

それはつまり、**次から次へと命令を下すのではなく、辛抱強く、相手の目を見ながらコミュニケーションしなければならない**ということだ。それに加えて、部下に自由に話をさせれば、あなたの影響力はさらに大きくなる。

相手の言うことすべてに答える必要はない。ただ相手に話をさせ、こちらは静かに、興味を持って、その話を聞けばいい。

要注意

自分に
ブレーキをかけるには？

誰かの話をさえぎりそうになったら、自分にブレーキをかける。それを実行するためには、**答える前に頭の中で3つ数える**といい。そうすれば、会話の中に沈黙というクッションをおくことができる。

その時点で、相手がまた話しはじめても驚いてはいけない。数秒余分に沈黙を取って初めて、部下からもっとも興味深い事実を学べることがよくある。何かを隠している部下は、あなたが黙っていれば秘密を打ち明けるかもしれない。

2 聞いて何を学びたいかを明確にする

マイケル・ジョーダンやマーク・マグワイヤのようなスーパースターは、意志の力と集中力がプレーの向上において大きな役割を果たすと、何度も訴えてきた。同じことは聞く力の向上にも当てはまる。集中力と意志の力に代わるものは存在しない。自分で望むほど真剣に聞いていないのなら、問題はただ1つ、真剣に聞こうという気持ちが足りないということだ。

いい方法を紹介しよう。**今日話すすべての部下から、少なくとも1つの事実、または意見を学ぶのだ。新しいアイデアや考え方を必ず手に入れると決意してから、すべての会話を始めよう。**

何かを学ぼうという気持ちがあればあるほど、聞くのは簡単になる。好奇心がさらに好奇心を生み、相手の希望や信念や心配事を正確に理解するにつれ、知りたいことは雪だるま式に増えていくだろう。そして、次のページのようなよい循環が起きるようになる。

［部下の話に興味を持って聞くと、どんなことが起こるか］

すべての部下から、
少なくとも１つのことを学ぶと決める

↓

聞けば聞くほど、
知りたいことが増える

↓

質問し、答えを
注意深く聞くようになる

↓

部下も、あなたの話を
真剣に聞くようになる

ワンポイントアドバイス

相手の話をもっとよく聞くには、まず一歩下がって、そもそも「なぜ」話を聞きたいのかを思い出す必要がある。その答えは、「何かを学びたいから」だ。

上司があなたの席へやってきて、あなたの素晴らしい仕事ぶりをほめたとしよう。あなたは全身が耳になっているはずだ。上司の言葉に興味を持ち、次に何を言うだろうとワクワクしている。

しかし、自分にとってそれほど興味深くない問題、または重要でない問題を部下が持ちだしたときはどうだろうか。あなたがいちばんしたくないことは、それまで考えていたことを中断し、部下の話にすべての注意を向けることだろう。

聞くことが大切である理由はほかにもある。

部下の話を聞き、その話に敬意を払い、彼らの言葉に基づいて行動を起こせば、リーダーとしてのあなたに明るい未来が待っている。それはつまり、**部下のほうもあなたの話を真剣に聞くようになる**ということだ。

ヒント

「教えて、教えて」

聞く能力を向上させ、他の人からより多くを学ぶためには、知識欲を持たなくてはならない。好奇心を呼び起こすために、部下の話を聞きながら「教えて、教えて」と頭の中で唱える。

それを繰り返せば、広い心で相手の話を聞き、より多くの情報を手に入れることができる。「**話は少なく、聞くを多く**」を実行できるだろう。

3

部下の話をよく聞く3つのステップ

「聞こえる」と「聞く」はまったく違う。

「聞こえる」は肉体的な感覚を意味する。あなたの耳が音波を受け取るのだ。聴覚は、視覚や触覚と同じ五感の1つであり、それを感じるのに特に努力はいらない。だから当たり前のことだと思われている。

それに反して、「聞く」ことは集中力が試される。ただ耳に入ってくる音を感じ取るだけではない。

聞くことは3つのステップを踏む。それは「**解釈**」「**評価**」「**反応**」だ。

部下の話をよく聞く

3つのステップ

STEP 1

解釈

部下が「よくわかりません」という言葉であなたの提案の問題点を指摘しようとしたとする。あなたは答える前に、この部下が言わんとしているところを確認しなければならない。

自分の聞いたことを正確に解釈しているかどうかを確認する方法は、相手の言葉をそのまま繰り返すことだ。しかも、質問の形で繰り返す。

先ほどの部下の言葉を例に取ると、「きみはよくわからないんだね？」となる。ニュートラルで、興味を持っているような口調でたずねることだ。

STEP 2

評価

相手のメッセージを理解したら、そこで初めて内容を評価する。

聞いた内容を評価するベストの方法は、偏見を持たずにいることだ。「わけがわからない」「この情報はまったく役に立たない」などと決めつけてしまうのではなく、も

部下の話をよく聞くには、
「解釈」「評価」「反応」の
３つのステップを踏もう。

STEP
3
反応

っと寛容な心で相手の言葉を評価する。

問題をすべての側面から考える。自分の判断を覆し、固い思い込みや信念を考え直す意志があるときに、いちばんいい評価を下すことができる。


もっとも一般的な方法は、「わかりました」「続けてください」などと言うことだ。一般的に、すぐに自分の考えを述べるのは賢いやり方ではない。

言葉ではないやり方で反応を示すこともできる。もっともわかりやすい例は、熱心にうなずくこと、晴れやかな笑顔を浮かべること、心配そうな顔をすることだろう。

話を聞いているときのベストの反応法は、相手の目を見て、話に興味を持っていることを示すことだ。

要注意

評価は正確に

　自分の好き嫌いだけで、聞いた内容の評価を行ってはいけない。相手が話しだしてすぐに内容に厳しい判断を下したら、それがあなたの聞く姿勢に影響を与える。メッセージの性質が気に入らない、話題が気に入らないなどの理由で、情報を無視してはいけない。

　そのような障害を克服すること。部下があなたに知らせたいことを、正確に評価する。評価を行うときは、冷静な事実の分析をもとにするべきだ。

4 部下に対して言い訳しない

新米リーダーは、どうしてもとっさに言い訳をしたくなるものだ。部下が不平を言ったり批判したりすると、新米リーダーは「私にも言わせてくれ」「それは間違っている」などの言葉で反応してしまう。

もちろん、自分の立場を主張したり、相手の誤解を正したりするのが適切なときもある。しかし**まず最初に、相手の話をきちんと聞いたことを伝えなければならない**。

それには忍耐力が必要だ。部下がうっぷん晴らしをしたいのなら、させてやればいい。こちらも何か言わなければと考える必要はない。その場にいるだけでも、聞く意志があることを伝えることができる。

自分を弁護する前に、または他の人を弁護する前に、それをする価値があるかどうか確認しよう。

以下に、言い訳モードに入っても安全かどうかを素速く確認する方法をいくつか挙げる。

[言い訳しそうになったら確認しておきたい3つのこと]

1 **相手が満足するまで話させたか？**

先走ったり、話をさえぎったりしなかったか。相手の話を横取りしたり、たとえば時計を見るなどのイライラした様子を見せなかったか。

2 **学ぶ意志があることを示すために、少なくとも１つは質問をしたか？**

3 **相手の言葉を自分の言葉で言い換えて、内容を正確に理解していることを伝えたか？相手はその解釈に満足したか？**

ワンポイントアドバイス

リーダーになった最初の数か月で、あなたは必ず、人間のコミュニケーションのもっともいらだたしい側面を経験するだろう。

それはすなわち、「誤解」だ。あなたも部下も、自分の真意を伝えるのに苦労する。言葉を尽くしても、表現を変えても、互いに自分の提案を伝えることができない。そしてだんだんとイライラしてきて、最後には互いに腹を立てる。

では、どうしたらいいのだろう？　まずは、自分の聞く姿勢が部下の手本になっていることを思い出す。部下の言葉や感情をきちんと理解していることを、証明するよう努力する。作り笑顔や空虚な身ぶりでその場をやり過ごすのではなく、相手の様子に注意を払い、会話のペースづくりを相手に任せる。

ここで忘れてはならないのは、「理解」するために聞いているのであって、「賛成」するために聞いているのではないということだ。

確かに相手の言葉を理解したら、次は同意へと向かう。とことんまで話し、互いに話を聞き、互いの仮説を検証すれば、理解し合えるのはもちろん、同意もできるものだ。

要注意

こんな「聞く姿勢」になっていませんか？

一言も発しなくても、とっさに言い訳モードに陥ることもある。黙っていても部下との関係にひびが入るような行動には、以下のような例がある。

①部下が話している間、まるで「ダメだ！」「違う！」と叫んでいるように激しく首を振る。

②相手に話をやめさせるために、交通巡査のように手を挙げる。

③あきれた顔をする、嫌そうに顔をしかめるなどの、相手の口に靴下を詰め込みたいと思っていることが見て取れる行動をする。

5 ボディーランゲージに注意する

あなたは世界最高の聞き手になれるかもしれないが、部下が話しはじめたとたんに窓の外を見てしまっては、つながりはすべて失われるだろう。目を使って、自分が聞いていることを伝えよう。見つめる場所は話し手だけ、ただそこだけだ。

話を聞いてもらいたいと思っているのに、相手がこちらに注意を向けていないのは、とてもイライラする状況だ。それを思い出せば、もっと熱心に聞こうと努力するだろうし、話の内容すべてを吸収する準備ができていること、その意志があり、そしてそれができることを、相手にきちんと伝えたいと思うだろう。

ここで大切なのは、いかに聞く意志を相手に伝えるか、なのだ。

話を聞くときは、相手のほうにわずかに身を乗り出す。これで、一言も聞きもらすまいという気持ちが伝わる。特に、騒々しい廊下や工場内で部下にばったり会い、話を始めたときに、この方法は役に立つ。ほかにも、次のような方法がある。

聞いていることを相手に伝える

3つのボディーランゲージ

1 体を話し手のほうに向ける

顔だけが向いていたり、体が相手に対して斜めだったりすると、「反対している」「退屈している」「よそよそしい」などの印象を部下に与えてしまう。

2 相手の目を見る

自分は目を見ていると思っていても、実際には相手の額のあたりを見ている人が多い。ちゃんと目を見ること。

あなたが、相手の話を本当に
「聞きたい」と思っていることが
伝わるボディランゲージを紹介しよう。

3 手には何も持たない

相手が話しているあいだ、無意識にペンや消しゴムなどの文房具を手に持って動かしたりする人がいる。これも自分の話に集中していないという印象を相手に与える。

ヒント

相手が興味を持っていないことを示すサイン

□ **目が泳ぐ**

主にこちらを見るのではなく、相手の視線があちこちにさまよう。近くを通りかかった人のほうを見たり、コンピュータの画面に目をやったり。

□ **落ちつきがない**

首や腕をかく、目をこする、髪をかき上げる、足を組んだり戻したりする、または似たような動作をする。

□ **あくびをする**

相手が疲れているように見えたら、余分な言葉を省いてすぐに要点を話すことだ。話が長引けば長引くほど、結果は悪くなる。

部下の話をよく聞くためのチェックリスト

□反応する前に、心の中で３つ数える。そうすれば相手の話をさえぎらずにすむ。

□すべての会話で、少なくとも１つの事実や意見を学ぶと心に決める。

□相手の話を、忍耐強く、かつ体系的に、解釈し、評価し、そして反応する。

□批判されたらとっさに言い訳をするのではなく、「忍耐―質問―確認」の方法を採用する。辛抱強く聞き、少なくとも１つ質問をし、相手の話を正確に理解したかどうか確認する。

□「同意」するために聞くのではなく、「理解」するために聞く。意見やものの見方の違いを受け入れる。

□話し手の身になって考え、聞きたいという気持ちを身ぶりで表すために友好的なアイコンタクトを保つ。

SKILL 03

リーダーらしく話す

1 「声」に注意を向ける

2 ポイントを3つにまとめる

3 余計な話をそぎ落とす

4 適切な質問を、適切な方法でする

リーダーになって数か月が過ぎたころ、バーバラは友人のサリーに会い、自分の仕事ぶりについてのフィードバックを求めた。2人は同じ部署のアシスタントだったが、今はバーバラがサリーの上司になっている。

「バーバラ、あなたはリーダーになってから話し方が変わったわ」とサリーは言った。「なんだかお堅い感じがする。本来の温かい人柄が、以前ほどは伝わらなくなっているわよ。言うことすべてが大真面目な感じがする」

簡単に言えば、これが新米リーダーが直面する最大の罠である。「ボスはこう話すべきだ」という思い込みがあり、そのとおりに話してしまうのだ。たとえば、声を低くしたり、余計な口出しをしたり、権威を示すために命令を下したりする。

しかし、**自分の力を示すベストの方法は、自然にそれを表現することだ**。「正しい」話し方など存在しない。感動的なスピーチをする必要も、当意即妙におもしろいジョークを言う必要もない。自然に振る舞うほど、意志を明確に伝えることができ、スタッフの信頼も得ることができるのである。

1 「声」に注意を向ける

当たり前すぎて気づいていないかもしれないが、部下に与える印象に大きく影響する要素がある。

それはあなたの「声」だ。コミュニケーション能力を磨こうと思っているリーダーでも、声という道具だけは見過ごしてしまうものだ。

声が悪いと相手にいい印象を与えない。部下を遠ざけ、自分の評判を落とし、それに真意も伝わらない。それに加えて、身体的な苦痛の原因になることもある。

新米リーダーとしてのあなたの最大の目標は、声を敵ではなく味方にすることなのだ。

それでは、リーダーらしい声の出し方の3つのポイントを見ておこう。

リーダーらしい「声」の出し方

3つのポイント

1 声の抑揚に気をつける

特に伝えたい言葉だけを強調するように気をつける。

相手に何かたずねているのでもないのに語尾を上げるのは禁物だ。言っていることに、または自分自身に自信を持っていないという印象を、相手に与えてしまう。

2 声の大きさに気をつける

いつでもいちばん後ろに座っている人に話しかけるつもりでいること。そうすれば、全員に聞こえる大きさの声で話すことができる。

まず、自分の声を味方につけよう！
あなたの部下に与える印象が
大きく変わるはずだ。

それから、聞き手の表情、体の向きなどに気を配り、聞きにくそうにしている人がいないかどうか確認する。

3 言葉を頻繁に区切り、早口にならないようにする

短い時間で多くのことを話そうとすると、たいてい早口になってしまう。何かを説明しているとき、たくさんの情報を繰り返し伝えているときは、自分がわかっているからといって相手もわかっているものだと勝手に解釈しないこと。

エピソード

本当に声に
問題がある人は1％？

私がトレーニングしたマネージャーの中で、本当に声の心配をしたほうがいい人はわずか１％だった。

それらごく少数の人たちは、確かに声に問題があり、改善する必要があった。その他の人たちは、ただ自分の声が実際より悪いと思い込んでいるだけだった。

だからあなたも、自分で思っているよりはいい声をしているかもしれない。しかしそこで満足してしまってはいけない。まだ改善の余地はあるのだから。

2 ポイントを3つにまとめる

部下に向かって話すとき、あなたの目標は、相手に理解しやすい方法で自分の考えを表明することだ。とりとめもなくさまざまな話題について話していたら、相手は混乱し、話についてこられなくなるだろう。

理解しやすい形で真意を伝えるには、話す前に考えるといい。言いたいことをふるいにかけ、もっとも関連の高いもの、もっとも必要なものを選びだすのだ。

多くの新米リーダーは、言いたいことを明確に伝えるくらい簡単にできると思い込んでいる。言うべきことの計画を立てずにいきなり話しだし、結局核心に至らずに終わってしまう――ずっと関係のないことをペラペラしゃべっているのだ。

そして部下たちは、いったい何の話なのか自分で探りだすはめになる。

いい方法がある。それは、**3つに分けて考える**ことだ。話す内容を3つの大きなパートに分ければ、部下も容易に理解できるだろう。

「3」という数字の力を使う

たとえば……、

これを行うには
3つのステップがある。

これをしてもらいたい理由は
3つある。

このアイデアを3つのレベルで
評価してみよう。

ワンポイントアドバイス

話を大きく3つに分ける方法は、自分のアイデアに賛同してほしいときにとりわけ役に立つ。3つの説得力ある根拠を提示すれば、相手はなかなか反論できないものだ。

根拠となる事実や主張が1つか2つだったら、相手はそれほど説得されない。しかしそれが3つになると、反論の種を封じ込めることができる。

身ぶりを交えると、さらに効果的である。ポイントを1つ挙げるごとに指を1本ずつ立てていけば、より明確に伝わるだろう。

「3」という数字の力を利用すれば、自分の言葉にさらに権威を持たせることもできる。自分が正しい根拠としてあまりにも多くの理由を挙げると、部下は聞くのに忍耐を強いられる。彼らの心は離れ、あなたのことを説教型のうるさい上司と決めつけるだろう。

その一方で、理由を3つ挙げることができなければ、彼らは疑いを捨てきれず、あなたの論理の穴を探す。または半信半疑のまま黙って立ち去るだろう。

エピソード

「3」を効果的に使う

新米リーダーのロンが、10人の部下に活動レポートを作成させようとした。部下たちは嫌がり、言い訳を始めた。そこで彼は言った。

「このレポートを作成してもらいたい理由は3つある。1つは、少ない時間で多くを達成する助けになるから、それができればみんながまともな時間に家に帰れる。2つ目は、何が妨げになって、いちばん好きなプロジェクトにもっと多くの時間を注ぐことができないのかがわかる。3つ目は、これが昇給につながるかもしれないこと。なぜなら、きみたちの評価にこのレポートも使おうと思っているからだ」

3 余計な話をそぎ落とす

リーダーは、自分の言いたいことをはっきりと、力強く伝える必要がある。言葉数は少なければ少ないほどいい。余計な話をそぎ落として要点だけを話せば、相手にとっても理解しやすくなる。

そして、1つの文を語り終えたら、それについて考える時間を聞き手に与える。数秒の間沈黙を保ち、誰かが何か言うかどうか確認する。行く手にあるものすべてをなぎ倒すブルドーザーのようになってはいけない。

それに、自分の言っていることの大切さを大げさに誇張する必要もない。言葉は短く、そして愛想よく話すのが大切だ。

部下たちは、あなたの独演を聞きたいのではない。あなたが不安を感じていようと、自分に満足していようと、**言葉の贅肉をそぎ落とし、ただ筋肉だけを伝えるのがいちばん効果的なのだ。**

余計な話をそぎ落とす

3つの方法

1 修飾語句を使いすぎない

新米リーダーは、ごく簡単なことを言うにもためらうことがよくある。「この古い電話システムは廃止するべきだ」と言う代わりに、「もしかしたら、この古い電話システムは交換したほうがいいかもしれない」と言う。

自分の発言を「おそらく」「もしかしたら」「一般的に」などの言葉で飾り立てる。

新任のリーダーが部下に自分の能力を証明しようとするなら、そのような「ヤワな口調」は逆効果になる。

2 同じことを何度も言わない

人は何か不安があると、同じことを何度も繰り返す。そうなると、聞いているほうはうなずくのにも飽きてしまうだろう。

何かを強調するために繰り返すという戦略もあるが、ただ同じことをだらだらと繰り返すだけでは、言葉の力強さが損なわれてしまう。

**リーダーは、しゃべりすぎることなく、
自分の言いたいことだけを、
はっきりと力強く伝えよう！**

3 とりとめもなく話さない

3つに分けて考える理由の1つは、話が脇道にそれないようにするためである。何の準備もせずにいきなり話し出したら、とりとめのない話を長々と続けて部下をうんざりさせてしまうだろう。

ある話題から次の話題へと何の脈絡もなく移ったら、聞き手は混乱してしまう。これではどんなに大切なことを言っても、相手の記憶には残らない。

キーワード

「80／20の法則」

言葉の無駄遣いを避けるために、自分が話す時間を会話全体の20％に抑え、残りの80％を相手の話を聞く時間にあてる。

この法則は相手を説得しようとしているときこそ取り入れるべきだが、あらゆる種類の日々の会話にも当てはめることができる。

例外は、複雑な手順を説明するとき、または、新しく決まった多数の事柄を部下に知らせるときだ。その場合は、あなたが全体の20％以上話す必要がある。

4 適切な質問を、適切な方法でする

質問をするのは1つの技術である。正しい言い回しを選び、本当に答えに興味を持っていることを示せば、部下が自力で教訓を学ぶのを助けることができ、そしてあなた自身も多くを学ぶことができる。

しかし多くの新米リーダーは、質問をするのをためらう。自分がすべての答えを知っていなければいけないと勘違いしているからだ。何かを知らないことを認めると、弱さを見せることになると考えているのだが、それは間違いだ。

質問をすれば、次のようなことを示すことができる。

・相手のアイデアや意見を尊重していること
・自分はリーダーであって、すべての知恵の源ではないということ
・自分は部下から学びたいと思っていて、部下の意見を聞くことに時間を投資しようとしていること

うまくいく適切な質問

4つの方法

1 批判を含んだ質問はしない

「なぜそんなに時間がかかると言わなかったんだ?」という質問ではなく、「このプロジェクトにどのように取り組んだのですか?」「具体的に何をしたのですか?」などの、敵意の少ない質問をする。

そうすれば、「そんなに時間がかかった」理由を知ることができ、同時に気持ちのいい会話を続けることができる。

2 部下の目を見て質問する

そわそわしたり、食べながらや何かを読みながらの質問は避ける。2つのことを同時にしようとすると、答えに興味を持っていないという印象を与えてしまう。

部下が自力で学ぶのをサポートし、
あなた自身も多くを学べる、
そんな質問のしかたにはコツがある。

3 質問は短い1つの文のみにとどめる

論評や余談を長々と添えて、部下の忍耐力を試すようなことはしない。単刀直入に、知りたいことをたずねる。

そしてたずねたら、そこで話すのをやめること！

4 質問が終わったら黙る

口をつぐみ、相手の答えを待つ。沈黙が数秒続いても、やきもきしない。部下の中には、話す前にしばらく考えたい人もいるのだ。

およそ7秒が過ぎ、相手に質問が聞こえたのかどうか確信が持てなくなるまでは、繰り返したり言い直したりしてはいけない。

7秒あればたいていの人は考えをまとめることができ、少なくともとにかく答えてみることができる。

要注意

義務感から質問をしない

本当は興味がないのに義務感から質問をしてはいけない。**答えを知りたいと思っていないのなら、ただ黙っていること。**ただ形だけの質問を、部下はすぐに見抜くだろう。

そして質問は意味を失い、あなたは他のことを考えているという印象を与える。その結果、まったく質問をしなかった場合よりもダメージは大きくなる。

リーダーらしく話す
ためのチェックリスト

□話すときは言葉を区切る。だらだらと続けない。特にグループを相手に話すときは、声をはっきり出して話す。

□３つに分けて考える。強調したい３つのポイントを用意し、部下に自分の主張を納得させる。ここで話を詰め込みすぎるのは禁物。

□メッセージを弱めたり、自分の不安を不必要に露呈してしまうような修飾語句を避ける。

□部下を説得しようとしているときは、自分の話は会話の 20％にとどめ、残りの 80％は相手の話を聞くことにあてる。

□部下に質問するのをためらわない。質問は短い１つの文にとどめ、質問が終わったら黙る。

SKILL 04

やる気を引き出す

1 やる気を引き出す基本ルール

2 部下のニーズをつかむ

3 お金以外の手段でやる気を引き出す

4 学び、成長するチャンスを与える

5 やる気を出さない部下から、やる気を引き出す部下にやる気を出させることのいちばんの目的は、彼らの生産性を高め、楽しく仕事をしてもらい、他の仕事に移ってしまわないようにすることだ。

新米リーダーは、情熱的に話し、それで部下の態度に変化が見られれば、自分は素晴らしいモチベーターであると考える。しかし、部下が実際に素晴らしい仕事をしなければ意味がない。

つまり、あなたの働きかけによって、部下たちが「もっとうまくやりたい」「もっと学びたい」「技術を磨きたい」という気持ちを持つ必要があるのだ。態度を変えるだけでは、動機づけに成功したとは言えないのである。

仕事のレベルを上げ、やる気のある貴重な部下をつくり出すのが、本当の動機づけなのだ。

動機づけは共感から始まる。相手の身になって考え、その人の態度や気持ちを理解すれば、その人にとっていちばん大切なことがわかる。相手の優先順位、価値観、信念がわかる。

したがって、部下のやる気を引き出すという試みは、まず彼ら1人ひとりを知ることから始まるのだ。

1 やる気を引き出す基本ルール

部下のやる気を引き出すための、たった1つの特効薬など存在しないことを知っておこう。同じ人間は2人といない。だから、それぞれの部下にあった方法を編み出さなくてはならない。

具体的なテクニックを見る前に、効果的な動機づけの3つの基本ルールを紹介しておこう。

やる気を引き出す
3つの基本ルール

1 自分でもしたくないことを人に頼まない。

2 日常的にフィードバックを与える。
定期的な勤務評定だけでは十分でない。

3 ときに不平を言ったからといって、その人物を反抗的と決めつけ、その言葉を否定したりしない。
判断を下す前に相手の話を聞き、何が彼らを悩ませているのか理解する。

ワンポイント
アドバイス

時間をかけて相手を知ろうとしなければ、その人の立場でものを考えることはできない。部下と会っても「がんばってるね！」と言ってさっさと消えてしまっているのではダメだ。

しかも、それでやる気を引き出していると考えているのなら、考え直したほうがいいだろう。そのようなおざなりの動機づけは害にしかならない。

なぜなら、「自分は取るに足らない存在だ。単なる歯車の1つだ」という印象を、相手に与えてしまうからだ。

人のやる気を引き出す方法はただ1つ、直接向き合うことだ。時間をかけて部下たちと話をしなければならない。

友好的な関係を保ち、定期的に交流するようにしていれば、ある種の仲間意識を築くことができ、それが職場の活性化につながるのだ。

試してみよう

「もっと話して」

誰かにやる気を出させるには、その人物をよく知り、共感する必要がある。

「自分の進歩に満足しているか？」「オフィスは気に入っているか？」「仕事は楽しいか？」「やりがいはあるか？」などと頻繁にたずねる。

当たり前の答えやおざなりの答えで満足してはいけない。もっと話すように促す。このような会話を十数回繰り返したら、それぞれの部下がよく話す話題（チームワークが不足していることへの懸念から、会社の方針への失望まで）がわかってくるだろう。

その結果、部下がいちばん気にかけていることがわかる。この情報を利用して彼らとより効果的にコミュニケーションすれば、彼らは自分の仕事に満足し、さらにいい仕事をしようとするだろう。

2 部下のニーズをつかむ

かつて多くの労働者は、会社に安定と安全を求めていた。安定した収入を保証し、安定した労働環境と潤沢な年金プランを提供していれば、労働者は満足だった。

かつてのリーダーは、動機づけについて今ほど真剣に考える必要がなかった。なぜなら、今の仕事を続けることが、労働者にとって十分な動機づけになったからだ。

今日、労働者はより複雑になった。同じことの繰り返しを仕事に望む人はほとんどいない。この流動的で、変化の激しい経済の中では、安全も安定も大きな意味を持たない。

今日の労働者は、以下の6つのニーズのうちのどれかによってやる気を引き出される。それは**「達成感」「影響力」「帰属意識」「自由」「敬意」「公正」**だ。

リーダーになって最初の数か月は、部下のそれぞれがどのニーズをいちばん大切にしているのかを見極めるのに苦労するだろう。

それぞれの見分け方と、どのようにやる気を引き出したらよいかを紹介しよう。

タイプ別

部下のニーズをつかんでやる気を引き出そう！

1 「達成感」でやる気が出る部下

何かを達成することに喜びを感じる部下は、さらに上に行くために技術を磨きたいと考えていて、自分の限界を広げるような仕事、大きな困難を克服するような仕事を割り当てられるのを好む。

このような人は、目標意識の高さや、組織の政治を無視しても自分の能力を試し、技術を生かせるようなプロジェクトに邁進する姿から、見分けることができる。

☑ やる気を引き出すには

前の経験を生かして成長できるような新しい仕事を、つねに与えるといい。短期の目標と長期の目標を与え、成長を実感し、達成感を味わえるようにすることだ。

2 「影響力」でやる気が出る部下

影響力を行使することによって実力を発揮する部下がいる。彼らはスポットライトを好み、采配を振るうことで充実感を覚える。

ミーティングでは目立ちたがり、大胆で物議を醸すような意見を言う。チームの代表に立候補したりして、リーダーの地位への興味を隠さずに表に出す。

この種の人物は、会社のパーティでCEOに積極的に近づき、重役のオフィスへ行くことや、お偉方とのランチなどのごほうびをとりわけ喜ぶ。

あなたの部下は、
「達成感」「影響力」「帰属意識」「自由」「敬意」「公正」の
どれによってやる気を出すタイプだろうか？

やる気を引き出すには

内部の専門家として扱い、頻繁にアドバイスを求めるといい。彼らはすぐにやる気を出すだろう。なぜなら、自分の意見を言い、それが重要視されることを好むからである。

3 「帰属意識」でやる気が出る部下

帰属意識を求める部下は、動機づけがいちばん簡単である。ただ彼らが同僚と仲よくなるのに任せておけばいいのだ。

やる気を引き出すには

会社のピクニックなどの仕事以外の行事を設け、社内の多くの人と会うチャンスを与える。この種の人物は、仕事の社交的な側面をもっとも重視しているので、大きなグループの一員であると感じさせることによって動機づけができる。

たとえば、ただ座って話を聞くだけでなく、他の人と共同作業をしたり、アイデアを出し合ったりするようなミーティングを用意する。

帰属意識を感じさせていれば、安定して立派な成果を上げてくれるだろう。

4 「自由」でやる気が出る部下

自由を何よりも重んじる部下もいる。割り当てられた仕事で実験をしたり、とにかくある種の自主性を発揮したりする自由を求める。

彼らを細かいところまで管理しては、よりよい仕事をしようという意欲を挫いてしまう。そのような人物は、あなたが新しい方針や手順を導入するたびに反発するので、そこで見分けることができる。彼らは新しいルールを拒否し、偉そうなボスに反抗する。

やる気を引き出すには

もっとも重要な目標だけを提示し、そこに至る道を自分で考えさせるといい。えこひいきにならないように注意しながら、彼らには、働く時間の自由、選択の自由、仕事を仕上げる手順を自分で決める自由などを与えよう。

5 「敬意」でやる気が出る部下

敬意だけを求める人もいる。彼らは、無視された、おとしめられたと感じたら、怒って部屋を出ていくだろう。また、オフィスのマナーを極端に重視し、いつもきちんとアイロンのかかった保守的な服を着て、ほとんど軍隊的とも言える振る舞いをする。

やる気を引き出すには

彼らの話をよく聞くといい。話している間は、うなずき、つねにアイコンタクトをとる。

時計を見たり、仕事をしながら話を聞いたりするのは避けること。口を開いたとたんに話をさえぎったり、首を横に振ったりするのも禁物だ。

それに加えて、惜しみなく賞賛を与え、仕事ぶりへのフィードバック、特に前向きなフィードバックを欠かさない。すべての部下に敬意を持って接するのはもちろんだが、特に敬意を求めている人物に対しては、そのような行いがとりわけ重要な意味を持つ。

6 「公正」でやる気が出る部下

どんな部下でも公正で偏見のない上司の下で働くのを好むが、なかには世界を公正と不正という物差しだけで見る人もいる。

彼らは、仕事のスケジュール、役職、責任の範囲、給料、福利厚生などをあなたが公平に管理しているかどうか、つねに監視している。権力の見張り役を自認しているのだ。何かが不公平だと思えば、何のためらいもなくあなたにそれを告げる。

☑ やる気を引き出すには

弁護士になったようなつもりで考えるといい。自分が公明正大な上司であることを示す客観的な証拠を、彼らに提示する。

たとえば、業界全体の賃金調査の結果を配り、どうやって賃金の基準を決めたのか、等級や職務内容によってどのように差をつけているのかを説明する。

自分はどのような偏見も不正も容認しないと彼らに告げておこう。

エピソード

3000万ドルのボーナスも十分ではない？

「私は、人のやる気を引き出したかったら、自分がそうしてほしいと思うように相手を扱えばいいということを学んだ」と、リチャード・ジャンレットは私に語った。

ジャンレットは、大手コンサルタント会社ドナルドソン・ラフキン・ジャンレットの共同設立者であり、大手保険会社エクイタブルの元会長兼CEOでもある。

「お金だけでは十分ではないんだ。1つ例をあげよう。私が会ったある有能な男は、ウォール街の証券会社から3000万ドルのボーナスをもらった。しかしすぐに辞めてしまった。

なぜか？　誰もおめでとうと声をかけなかったからだ。ただある日、小切手が送られてきただけ。メモも手紙もない。それだけだ。『彼らにとって私はどうでもいい存在なんだと思った』と彼は言った。そして、その会社で働く動機を失った。誰にも顧みられていないと感じてしまったからだ」

3 お金以外の手段でやる気を引き出す

多くの新米リーダーは、部下のやる気を引き出すなど楽勝だと考える。お金を鼻先にぶら下げれば、部下は訓練されたアシカのように働くと思っている。

もちろん、お金は誰にとっても大切なものだが、動機づけの道具としては過大評価されている。お金はビジネスには欠かせない血液であるが、それですべての従業員がやる気を出すわけではない。まったく気にしない人さえいる。

同じことは、すでに十分に働きすぎのチームに、さらに時間と労力を費やしてもらいたいときにも当てはまる。

お金という報酬に頼り、それで動機づけは十分だと考えてはいけない。そうではなく、**彼らのプライドと、仕事をうまくやろうという責任感に訴える**のだ。

お金以外の手段でやる気を引き出す

5つの方法

1 部下に裁量を与え、影響力を行使させる

部下にある程度の決定権を与えることは、やる気を引き出すだけでなく、彼らのストレスを減らすことにもつながる。

2 部下の仕事をどのように評価するのか明確に伝える

ベテランのリーダーは、「評価の対象は結果である」とよく言う。たとえば、仕事を提出する前にもう一度チェックする習慣を身につけさせたいと思っているのなら、「きみたちのレポートを調べて、間違いのなかった人を評価する」と告げる。

3 部下の努力がどれだけ会社に役立っているのかを伝える

部下のプライドと、
仕事をうまくやろうという
責任感にうまく訴えるには？

自分の働きが会社の業績アップにつながるという事実を知ることは、それ自体で十分な動機づけになる。ただ「これをすればヒーローになれる」と言うだけではなく、部下の努力を目に見える形で表すのだ。

4 部下の功績を賞賛する

部下の真に素晴らしい仕事に敬意を表せば、必ず動機づけにつながる。公の場でも、個人的にも、賞賛の気持ちを伝える。やりすぎの心配をする必要はない。

5 部下の意見に耳を傾け、要求や不満に迅速に対応する

正式に「提案箱」を設置するのでも、ただ部下の話に耳を傾けるにしても、彼らの言葉を無視してはいけない。

エピソード

責任はやる気を引き出す

　ニュージャージー州プリンストンにある調査会社、レスポンス・アナリシスが、1500人の管理職・技術職・専門職を対象に行った調査によると、仕事で自発的な努力をするもっとも大きな理由は、結果に責任が持てることである。

　ほかの要素、たとえばお金などは、もっと順位が下だった。つまり、部下に決定権を与え、自力で結果を出させれば、彼らはより積極的に働き、義務以上のことをするということだ。

4 学び、成長するチャンスを与える

全員の部下を一瞬にしてスーパー社員に変えることのできる絶対的な方法など存在しないが、知識という贈り物はたいていの場合有効であると言っても差し支えないだろう。**何かを学び、仕事でも私生活でも成長するチャンスを与えれば、仕事でのやる気も増すはずだ。**

そのようなチャンスを与える方法を以下に紹介しよう。

学び、成長するチャンスを与える

3つの方法

1 学ぶ機会を、よくできた仕事への賞品にする

いちばん勤勉な部下、またはもっとも優秀な部下を選び、彼らを社外のセミナーや会議に参加させる。それによってネットワークを広げ、新しいスキルを身につける機会を与え、そこで新たに学んだことをまた仕事に生かしてもらう。

2 有望な新人のために30分時間をとり、難しい仕事のやり方を実践を交えて教える

部下に何かを学び、
成長するチャンスを与えれば、
仕事へのやる気がどんどん増すはずだ！

3 会社がどうやってお金を生みだしているかを教える

会社の予算や収入を理解させ、自分の仕事と会社の業績を結びつけられるようにする。

社内のお金の流れを部下に教えれば、彼らは自分の仕事と会社全体の業績を結びつけて考えるようになる。

１９９０年代、会社の経営数字を社員が共有する「オープンブック・マネジメント」が、動機づけの道具として大きな注目を集めた。部下に予算や収入を理解させれば、彼らは、自分の仕事と、顧客にとって価値のある会社の製品を生みだす方法との間に、関連を見ることができる。

それは同時に、従業員がもっと賢く働こう、生産性に貢献しようという意欲を起こすのに必要な情報でもある。そのためにはまず、あなたと上司が部下たちの働きぶりを測るうえで、鍵となる数字を見つけだすことだ。

試してみよう

自分の仕事の
スコアをつける

部下に会社の数字に興味を持たせるには、わかりやすいスコアカードを作り、自分の仕事がどのように会社の利益に貢献しているか、全員がわかるようにすればいい。

たとえば、経費、1人あたりの利益、または売上の伸びなどを、週に1回メールで流す。

つねに最新の数字を流しておけば、部下たちは、どうすれば自分の働きが会社全体に影響を与えるかについて意識を集中するようになる。

5 やる気を出さない部下から、やる気を引き出す

部下の中には、こちらが何をしても応えてくれないように見える人もいる。どんなにほめたたえても、気前のいい昇給を与えても、昇進させても、またはただ放っておいて自由に仕事をやらせても、うまくいかない。

どんな手段でやる気を出させようとしても、結果は同じだ。ただ与えられた仕事を淡々とこなすだけの、覇気のない部下。7割か8割の力しか出さず、一応仕事をこなすうえでは十分だが、飛び抜けて優れたチームをつくりたいと思っているリーダーにとってはまったく物足りない。

あなたはただ肩をすくめて、こう言いたくなるだろう。

「この部下についてはどうしたらいいのか皆目わからない。だから他の部下に集中しよう」

やる気のない人に対しては、それぞれ個別に対応する必要がある。いくつかのヒントを次に挙げてみよう。

やる気を出さない部下から やる気を引き出す 3つの方法

1. 日常の業務から解放し、**専門知識が生かせるようなプロジェクト**に参加させる

2. 「**きみには能力がある。**組織にもっと大きな貢献をすることができる」と話す

3. 新人教育を任せ、**チーム内のコンサルタントの役割**を果たしてもらう

ワンポイントアドバイス

ほかにできることは何もないと結論づける前に、それまでのやり方を再検討してみよう。

それに気づいていようといまいと、あなたはおそらく「給料」「ほめ言葉」「(昇進、昇給、責任を与えることの)約束」で、その人物のやる気を引き出そうとしていたはずだ。

それらの「エサ」はほとんどの人にとって魅力的だが、社員のおよそ5％にとってはまったく魅力のないものなのだ。

昇進の約束も効き目がない。なぜなら、彼らは自分が最高の業績を上げていて、昇進して当たり前だと考えているからだ。

昇給の約束も効き目がない。なぜなら、現在の役職で最高額のサラリーをすでにもらっていて、たとえスキルや能力があっても、もっと上へ行こうとする意欲がないからだ。

影響力のある立場を与えると約束しても効き目がない。なぜなら、影響力を行使することに興味を失っているからだ。

しらけた部下のやる気を引き出すには、もっと創意工夫が必要なのだ。

要注意

部下の陰口を叩かない

ある部下との関係がうまくいかない場合、それを公言しないこと。

新米のリーダーは、同僚に愚痴を言うことで不満を晴らそうとする。たとえば、「あの部下だけは、何を言ってもダメだ」「できることはすべて試した。たぶん燃え尽きてしまったんだろう」などと言う。

そのように、部下の陰口を言うようなことをすると、今後その部下を遠ざけてしまう恐れがある。

やる気を引き出す
ためのチェックリスト

□部下と直接向き合う。時間をかけて部下たちと話をする。

□自分でしたくないことを部下に頼まない。

□部下に共感して、押すべきボタンを見つける。たくさん質問をして、何が彼らのやる気をもっとも引き出すか探る。

□仕事を客観的に評価し、卓越した成果を上げた人物をほめることによって、やる気を引き出す。

□部下に責任を与え、そのアイデアに耳を傾ける。

□部下の仕事と組織全体の収益を結びつける。

□扱いが「難しい」部下は、専門知識が生かせるような特別なプロジェクトに参加させたり、その知識を利用して教育係になってもらったりすることによってやる気を引き出す。

SKILL 05

部下を注意する

1 人格攻撃をしない
2 目に見える行動を描写する
3 質問の形で注意する
4 将来に向かって向上する方法を示す
5 部下を注意するとき、犯しがちな間違い

リーダーとしての仕事の大きな部分は、部下の間違いを指摘し、改善する方法を示すことだ。あなたのフィードバックが自分のためになると気づけば、彼らはあなたの話を聞き、態度を変えようとするだろう。

ただ黙って、問題がひとりでに消えてくれるのを祈るばかりでは、何も改善されない。部下の間違いを指摘するのを避けていると、悪い状態を永続させてしまうことにつながる。部下は間違いを繰り返し、その代償はやがて取り返しがつかないくらい高くなるのだ。

問題を指摘することは部下を傷つける、部下の自信を奪ってしまう。そしてその結果、部下の士気にも悪影響を与える——と、あなたは思っているかもしれない。

しかしそうなるのは、考えなしに批判をしたときだけだ。**自分の意図をはっきりと、言葉を選んで伝えれば、人間関係に消えない傷を残すことはない。**

注意をするのは気が進まないかもしれないが、これもまた、交渉や人前でのスピーチと同じ、1つの技術である。以下に紹介するテクニックを読みながら、部下はあなたのフィードバックを期待していることを心に刻み込んでほしい。

1 人格攻撃をしない

リーダーになった最初の数週間で、あなたはすでに人間関係の問題に直面している。ミーティングで意地悪なジョークばかり言って、友好的なコミュニケーションができない部下がいる。

きちんと完成されたレポートを提出するのを拒否し、殴り書きのメモのようなものばかり持ってくる部下もいる。

そしてさらに、いつも腹を立てて大声でわめく部下がいる。あなたはそのうち喧嘩が起こるのではないかと気が気でない。

彼らに向かって、「きみの趣味の悪いジョークは職場にふさわしくない」「きみのレポートはまったく読めない」「きみはいつも怒ってばかりいる」と言うのは簡単だ。

簡単だが、しかし間違っている。ではどのように注意するのがよいのか、以下を見てほしい。

正しい注意　4つの方法

1 目に見える行動に的を絞る

「きみはいつも怒ってばかりいる」という言葉の代わりに、「あの派遣社員に向かってなぜそんなに怒っていたのか?」と言う。

注意の対象を自分の目に見えるものに限定することによって、相手の反発を招くのを避けることができる。

ほとんどの人は、人格が攻撃されたと感じると、反射的に反発するものだ。

2 否定文で話さない

「言ったとおりにやってくれなかったね」「きみは人の話を聞こうとしない」などの言い回しは、その場に緊張を生み、相手を傷つける。

新米のリーダーは、こちらの力を示そうとするあまり、非難するような口調になってしまいがちなので、気をつけよう。

部下を注意するとき、
人格攻撃にならないための
ポイントをいくつか紹介しよう。

3 一般化したり、断定したりしない

部下に向かって「きみは……だ」と断定すると、人格を批判されている感じがする。たとえば、「きみは話すのが下手だ」「きみは間違っている」など。具体的な行動や仕事ぶりについて話すこと。

4 「最悪」の言葉を避ける

注意をするときに決して使ってはいけない言葉は、「いつも」「絶対」「最悪」だ。このうちの1つがうっかり口から出てしまったのなら、あなたは状況を大げさに語っていることになる。実際の行動について述べているのではない。

ヒント

部下へのフィードバックが成功したかどうかを知るには?

たとえば、**相手が口を挟んだかどうかを基準とする**方法がある。

部下が最後まで静かにあなたの話を聞いていたのなら、それは成功だ。しかし相手が口を挟み、言い訳をしたり、否定をしたり、あなたの話のあらを指摘したりしたら、言葉の選び方を考え直す必要がある。

「きみはいつもそうする」「きみは絶対にそれを正しくやらない」などと言っていないだろうか?

2 目に見える行動を描写する

どんなに言葉に気をつけていても、完全に安全な言い方など存在しないとあなたは考えるかもしれない。しかし実際のところ、フェアで偏見のない調子で何かを率直に伝えるのは簡単だ。**ただ見たことだけを言えばいい**のだ。

あなたは次のように考えるかもしれない。

「注意するときに行動ではなくて態度を描写することもできるはずだ。そのほうが効果的なんじゃないか？」

しかしここでの問題は、描写と推論を混同してしまうことがあるということだ。「不注意」「短気」「怠惰」「独善的」「傲慢」「だらしない」などの言葉は、その人物の行動をまったく描写していない。いくつかの出来事から推論した結果にすぎない。

正確にコミュニケーションする技術に欠けるリーダーは、注意するときに相手を断罪するような言葉を使い、真意を伝えるのに失敗する。そんな例を見てみよう。

描写と推論を混同している例

□ ある人物が誰かと口論するのを1日に3回目撃したとき

ここで「今日は機嫌が悪いようだね」と言うのは単なる推論であり、4つ目の口論に発展するかもしれない。

□ 落ち込んでいる様子の部下を見たとき

「落ち込んでいるようだね。心配だ」と言うよりも、「きみはうなだれて廊下を歩き、誰に会っても挨拶せず、顧客の質問にもたった一言か二言で答えていた」と言ったほうがいい。

□ 部下が昼休みを2時間もとったとき

あなたは「無責任だ」「怠けている」と考えるかもしれない。しかし注意の言葉は、目に見える行動だけに限るべき。その行動を勝手に解釈して、話を一般化してはならない。

ワンポイントアドバイス

実のところ、部下を注意するときには、描写と推論の両方が必要だ。まだ互いに気心が知れていないのなら、ただ見たままの事実を述べただけでは、こちらの真意は伝わらないからだ。**まず事実を描写し、それから推論を提示しよう。両者を混同してはならない。**

たとえば部下の１人に「きみは今朝、ロンの机から仕事を持っていって、自分の仕事が終わってからそれに取りかかったね」と言ったとしよう。その言葉だけでは、何が言いたいのかわからない。

真意を伝えるには、最後に推論を述べなければならない。「そんな積極性を待っていたんだ！」という言葉を添えれば、部下は自分の行動がほめられていることがわかる。

「他の人の机を勝手に引っかき回して、許可もなく何かを持ちだすのはよくない。たとえ悪気はなかったとしても」という言葉なら、その行動を快く思っていないことが伝わると同時に、否定的な推論を避け、よかれと思っての行動だと理解していることも伝わる。

試してみよう

自分をテストする

描写と推論の違いは、どうすればわかるだろう？　注意をする前に、「**この部下は何をしているのか？**」と自分にたずねるのだ。

あなたの答えは、目に見える行動を描写するべきであり、出来事、または行動の具体的で詳細な記録であるべきだ。もし証拠が足りないのなら、注意を急いではいけない。

3 質問の形で注意する

質問の形で注意をすれば、部下に嫌がられることがなく、しかも彼らが自分で問題に気づくのを助けることができる。この方法は、どのような意見もすべて批判と受け取るようなエゴの強い人を相手にするとき、特に効果を発揮する。

あなたも、このやり方を職場で使ってみよう。**まず簡潔な言葉で状況を描写し、次に公正で偏見のない質問を1つする。**その質問は、相手が自分で自分の行動を評価するのに役立たなければならない。

それには、互いの立場を交換するという方法がある。たとえば、「もしあなたが……だったら、○○するだろうか？」と質問する。具体例を挙げよう。

質問の形で注意する
「互いの立場を交換する」という方法

1

部下と会う約束をする。

2

部下がやってきたら、あなたの椅子に座らせ、あなたは来客用の椅子に座る。

3

そして来客用の椅子に座ったまま、次のようにたずねる。
「もしきみが私で、きみに注意しなければならないとしたら、きみは何て言うだろう？」

4

そして黙る。部下が答えるのを待つ。部下が自分自身を批判する言葉を次から次へと発し、あなたがつけ加えるべき言葉がない場合もある。

ワンポイント
アドバイス

質問には、部下に向ける痛烈な批判を少なくすることに加え、話が冗漫にならないという効果もある。

多くの新米リーダーは、注意するときに言葉数を多くしてしまい、注意された部下は先生に叱られた小学生のような気分になる。「話す―聞く」のリズムを確立し、同じことの繰り返しや、批判の言葉が過ぎてしまうことを避けるようにする。

質問を使えば、お説教モードになるのを避けることもできる。お説教をされたほうは、あなたのことを、立派なボスではなく、自分を必要以上に叱りつける敵だと見なすようになる。

さらに悪いことに、話しすぎると、素人心理学者のような印象を与えてしまう危険がある。

これでは、話せば話すほど、部下の反感を買ってしまうだろう。

エピソード

批判しない

部下が大事な締め切りを守れなかったとき、マークは思わず、「私がきみの仕事をしていたころは、期限を守らなかったことは一度もなかった。今私はリーダーなので、自分の部下が期限を守らないのを許容するつもりはない！」と言いたくなった。

しかしマークは考え直した。**まず描写し、それから質問を続けた**のだ。

「先週の金曜日に話したとき、その仕事を今日の朝９時までに終わりにすることで合意した。今はもう正午だ。一緒に決めた期限を守れないことが明らかになった場合、どうすればいいか話し合えるだろうか？」

これで、よりよいコミュニケーションへの扉が開いた。その部下は、仕事を期限内で仕上げることの妨げになっているものを取りのぞくような情報を、自分から提供してくれるかもしれない。

4 将来に向かって向上する方法を示す

新米のリーダーは、誰かの間違いを指摘するのが注意することだと考えている。しかしこれは一部しか正しくない。

注意することにはもう1つの側面があり、それは将来に向かって向上する方法を示すことだ。**その人物の過去の行動の分析と、この先どのように改善するかについての見通しを、あわせて提示しなければならない。**

たとえば、アシスタントに向かって仕事の手順が悪いと指摘するだけでは、その人物の時間管理は向上しない。具体的な手順を示し、差し迫った仕事をもっと効率よく仕上げられるようにしなければならないのだ。

では、どのようにすればいいか、具体例を見てみよう。

将来に向かって向上する方法も示す注意のしかた

□ アシスタントの仕事の手順を注意するとき

「もっとちゃんとしなさい！」という言葉は、曖昧な脅しであり、実質的な効果はほとんどない。

それよりも、問題を改善するための具体的な行動プランを、本人につくらせる。それをもとに2人で話し合い、最終的な行動プランを決め、問題の改善を目指すのだ。

□ 部下の仕事のクオリティを注意するとき

「悪い」「基準にはるかに満たない」などのレッテルを貼るのは、まるで役に立たない。

「あの仕事はチームにとってそれほど助けにならなかった。この先は、アイデアをもっと練り、具体例や見通しを盛り込み、あとは少なくともある程度のマイナス面も指摘するといい」というように言えば、部下に改善の道筋を示すことができる。

ワンポイント
アドバイス

前向きな変化を起こすという方向で考えるよう部下を促せば、フィードバックも建設的になる。

過去の失敗ばかりにこだわり、それを未来につなげるのを怠ると、部下を怒らせ、自信を失わせる危険がある。

彼らはあなたを避けるようになるかもしれない。目立たないようにしていれば怒られないと考えるかもしれない。そして、自分にはうまくできないと考え、あなたに注意された仕事を再開するのを避けようとするかもしれない。

部下に対して注意するときは、次はうまくできるだろうという希望を抱かせるべきであり、2人が同意できる、理にかなった解決策を考え出すべきだ。

注意の目的は、その仕事にもう一度挑戦する気持ちをくじくことではなく、もっとうまくやろうというやる気を出させることなのだから。

ヒント

解決策は3つ用意しよう

誰かのまずい仕事ぶりに対して注意する前に、**その部下が向上するための具体的なステップを少なくとも3つ考えよう**。

たとえば、「新しい働き方を見つける」「現在の仕事に変更を加えて無駄を排除する」「同じ仕事でも、もっとわかりやすく行う」など。

このように考えておけば、過去の行動へのフィードバックのあと、次のように言うことができる。

「過去の失敗から学んで、改善するかどうかはきみ次第だよ。もし改善したいなら、そのための方法をいくつか考えてみたんだが」

5 部下を注意するとき、犯しがちな間違い

注意するときに相手の人格を攻撃するのが危険なことは、すでに触れた。ただ具体的な行動だけを指摘すれば、ポジティブな影響を与える確率も高くなる。

しかし、落とし穴はそれだけではない。部下の仕事ぶりに対して注意しようとしている新米リーダーには、多くの危険が待ち受けている。

以下に、避けたい間違いの例を5つ挙げておこう。

部下を注意するとき、してはいけない 5つのこと

1 ほめ言葉で注意を挟む

ほとんどの部下はあなたの魂胆を見抜く。ほめ言葉は、まるで無理をして言っているようにわざとらしく響くだろう。

間に注意を挟むようなことをしては、相手の関心が注意のほうに向いてしまう。

2 自分に理解できないことを注意する

新米のリーダーは、部下の間違いを指摘してそれを正すのが自分の仕事だと考える。自分にわからないことであっても、とにかく注意しなくてはならないと考えてしまうのだ。

3 自分のことばかり話す

部下を注意するとき、
「人格を攻撃しない」のほかにも、
犯しがちな間違いがある。

注意しようとして緊張すると、自分の得意な話題について話して緊張を紛らわせようとすることがよくある。得意な話題とは、つまり自分のことだ。

ここでの主題は、あなたではない。本当の主題を忘れてはいけない。

4 人前で注意する

注意の目的は、相手に自信を与え、向上しようという意欲を持ってもらうことだ。

もし人前で問題を指摘したりしたら、助けようとしている人物に気まずい思いをさせることになり、また屈辱感を味わわせてしまうことにもなりかねない。

5 すぐにアドバイスする

部下に注意するときは、アドバイスを急がないこと。アドバイスは脇に置いて、安全な提案をし、部下が自分で考え、自分で結論を出せるようにするべきなのだ。

要注意

声の調子と
ボディーランゲージにも注意を

①注意するときは、声を荒げたり、いらだちを表に出したりしてはいけない。普段の会話のような調子で話す。
それどころか、注意するときはある程度、快活な声を出すべきである。
②おずおずと話したり、大真面目な声を作ったりすることはない。
話していることが誠実で、相手を非難するような内容でないのなら、声にためらいや厳しさを持たせることはない。
③表情にも気をつける。眉をひそめたり、しかめ面をしたりするのは禁物。
暗い表情、イライラしているような表情は避けること。
④緊張しているときは、緊張が表に出て思わず強い調子になってしまうかもしれない。
気持ちをコントロールし、あなたの緊張が部屋全体に伝わらないようにすること。

部下を注意する
ためのチェックリスト

□注意の対象を、特定の態度、特定の行動に限る。人格を攻撃してはいけない。

□自分が見たままを語り、「事実だけ」を伝える。非難したり、レッテルを貼ったりしてはいけない。

□「いつも」「最悪」などの言葉は使わない。また、「きみは〜をしなかった」というような否定文を使わない。

□質問という形で注意を与え、部下に自分で考えさせる。友好的な雰囲気をつくり、部下が自分の仕事ぶりについて正直に評価できるようにする。

□過去の行動と未来の向上を結びつけ、前向きなフィードバックを与える。

□自分のわからないことは注意しない。

□注意するときは、優しく、普段の会話のような口調で話す。声を荒げたり、いらだちを表に出したりしてはいけない。

SKILL 06

部下を叱責する

1 何が問題なのかを見極める

2 反抗的な部下を叱責する

3 争っている部下を仲裁する

4 人格攻撃をしない

新米リーダーのほとんどは、部下を叱責する方法についての青写真を持っていない。やり方はたいていい人それぞれであり、そのせいでやっかいなことになる。

甘すぎる態度では、部下が同じような間違いを繰り返す危険が高い。そして厳しすぎると「融通が利かない」「視野が狭い」「独裁者」などというレッテルを貼られてしまう。

何もせず放っておいたり、決断を先延ばしにしたりすると、今度は手遅れになってしまうこともある。

どのように叱責したり罰したりするのが適切なのか、これから見ていこう。

1 何が問題なのかを見極める

部下を叱責するとき、新米リーダーが犯すもっとも大きな間違いは、反射的に反応してしまうことだ。

事実を客観的に分析し、その分析をもとに対話と行動の計画を立てるのではなく、感情にまかせて激しく非難してしまうのだ。

感情的に反応するのを避けるには、叱責する前に何が問題なのかをきちんと見極める必要がある。次の3つの質問を自分にしてみよう。

何が問題なのかを見極める ための3つの質問

たとえば……、

1

部下の犯した間違いは、どのような短期的・長期的影響をチームに与えるのか？

2

情状酌量の余地はあるか？

3

叱責することによって、どのようなメッセージを伝えたいのか？

ワンポイントアドバイス

ある出来事を、ほかの出来事と切り離して見てはいけない。部下を叱責する理由はたくさんあるかもしれないが、**それらの理由はたいてい、以前に起こったことと関係がある。**

もし可能なら、前任者に連絡を取り、対処法について相談しよう。それに加えて、人事部とも連絡を取り、もし本当に重大な出来事なら弁護士にも問い合わせる。また、過去の例を調べ、それをどのように現在の行動に応用するかを決めることも必要だ。

迷ったときに

黙っているべきか?

部下を叱責すべきかどうか決めかねるときは、以下の手順に従う。

何も言わずにいた場合の、今から6か月後の状況を想像する。最悪の事態は何だろう? 問題の部下の悪い癖や不適切な態度が、チーム内に大混乱を引き起こしているのなら、黙っているよりも今すぐ行動したほうが賢明だ。

しかし、状況を長い目で眺めることで、それほど大きな問題ではなく放っておいても自然に解決するとわかったのなら、叱責する必要はない。

2 反抗的な部下を叱責する

スタンはラッキーだった。マネージャーになって最初の1か月の間は、どの部下を叱責する必要もなかった。

しかし間もなくして、ある顧客サービス担当者が、無愛想で非協力的な面をだんだんと表に出しはじめた。そしてついに、彼は命令を拒否するようになった。

スタンの最優先課題は、実行する意志のない脅しを使うのをやめ、何者にも揺るがされない固い決意をもってメッセージを伝えることだ。**簡潔で、率直で、自信に満ちた声の調子で話をする**。それはつまり、言葉数を少なくして効果を上げるということだ。

叱責の達人は、だらだらと話したり、同じことを繰り返したりしない。彼らは、厳格な面持ちと簡潔な言葉で、問題の人物に歯止めをかける。一語一語区切るように、ゆっくりと警告を発する。それぞれの言葉を強調し、相手に確実に届くようにする。

具体的な振る舞い方を見てみよう。

[反抗的な部下に対して、どのように振る舞うか？]

1 **簡潔な言葉、自信に満ちた声の調子**で話す。

---

2 繰り返し反抗的な態度をとるなら、**これ以上我慢するつもりがない**ことを伝える。

---

3 **上司に状況を報告**し、問題解決のために必要なサポートを得る。

ワンポイント
アドバイス

次にその部下が指示を拒否したり、笑い飛ばしたりしたら、その行動をやめさせなければならない。

相手の話を聞くことはもちろん重要だが、**部下が繰り返し反抗的な態度をとるのなら、いつまでも受け身に回っている必要はない。**

自分が本気であることを相手にわからせよう。それから、相手はどうすればいいのか、そしてそれをしなかったらどうなるのかを説明して、もうこれ以上我慢するつもりがないことを伝えるのだ。

そして最後に、上司にこの状況について報告し、事の進め方に全員が賛成できるようにしよう。新米リーダーは、部下の規律の問題を上司に報告し、問題解決のために必要なサポートを得るのをためらってはいけない。

メソッド

言葉を使わずに不適切な行動をやめさせる方法

たとえば、「話すのをやめなさい」という意味で、**手のひらを相手のほうに向ける**方法がある。

前例を調べ、行動が改まらなかったらどのような罰を与えるかを考えるのもよい方法だ。たとえば、文書の警告から、自宅謹慎、もしかしたら解雇もあり得るだろう。

3 争っている部下を仲裁する

2人の部下が互いに争っている。そのような状況では、あなたはリーダーであると同時に仲裁役にもなる。偏見がなく冷静なレフリーの役を演じなければならないのだ。罰を与える前に、何が起こったのかを調べ、争いの当事者に相手の立場を理解させる必要がある。これはなかなか大変な仕事だ。

特に、緊張が高まっていて、2人ともあなたの支持を求めているような場合はなおさらだ。そのような状況では、叱責すると同時に、誤解を解き、チーム内の信頼感を高める必要がある。

フェアで整然とした手順に沿って事を進めれば、うっかり口を滑らせてトラブルを招いたり、行きすぎた行動に出たりするのを避けられる。

具体的に、2人を仲裁する6つのステップを見てみよう。

争っている部下を仲裁する

6つのステップ

STEP 1

相手ではなく、自分について話させる

それぞれに何が問題なのか説明してもらう。そのときに、「私が〜をした」「私は〜と思う」というように、主語を「私」で語らせる。

STEP 2

立場を入れ替え、相手の立場で話させる

「○○さんの立場で考えれば……」のように、それぞれが相手の立場になって話してみる。相手の考えが正しいことをそれぞれが認めてから、次のステップへ進む。

STEP 3

共通のニーズを思い出させる

「私たちの仕事はすべて、この契約にかかっている」といった言葉で2人を結びつけ、共通のゴールに向かわせる。

部下を叱責すると同時に、
誤解を解き、チーム内の信頼感を高めるには
どうすればいいか？

STEP 4

2人で協力して解決策を見つけさせる

共通のゴールを達成するためのステップを両者に提案してもらう。具体的な提案をすること、採用された提案は協力して実行することを徹底する。

STEP 5

叱責する、罰を与える

1人ひとりと個別に会い、「今日、きみは協力しようと努力したので、寛大な処置をとろうと思う」と言う。このように言えば、将来に禍根を残さない。

STEP 6

ゴール達成の期限を決める

最後に、部下が提案した解決策を実行に移す細かい計画を立て、期限を決める。

ヒント

一度に1人ずつ

2人以上の部下を叱責する必要があるときは、1人ずつ行うのが最善の策だ。問題の部下1人ひとりと個別に会い、どのように態度を改善すべきか強調する。

それぞれの会話は秘密にする。公の場で部下を叱責するべきではない。なぜなら、それぞれにあなたの力を最大限に感じてほしいからだ。

同じ立場の人間と結託してもらいたいわけではない。それに加えて、同僚の前で恥をかかせるのは絶対に禁物だ。

4 人格攻撃をしない

叱責するときに部下の人格攻撃をするのは禁物だ。この種の基本原則はほとんどのリーダーが知ってはいるものの、実際にその通りにする人は驚くほど少ない。

新米リーダーは、叱責するときに、間違った行いだけを指摘するつもりでいるかもしれない。しかし実際は、あらゆる種類の不適切な言葉や大げさな言葉を使ってしまい、部下の反発を買うことが多い。

部下の態度に腹が立っても、人格を責めるようなことをしてはいけない。叱責や皮肉や当てこすりは、人の最悪の部分を引き出す。だから**当面の問題に的を絞り、人格攻撃にならないようにするのがとても大切**なのだ。

辛抱強く相手の話を聞くことによって、相手の信頼を勝ち取れるとともに、自分が思いやりがあって公正なボスであり、あらゆる言い分を聞くことなしに叱りつけるような真似はしないという立場を、はっきり示すことができる。

[叱責するときにふさわしくない言い回しの例]

もう我慢も限界だ。何度言っても直らない。気がおかしくなりそうだ。

きみは話にならないほどミスばかりしている。本気で仕事に取り組んでいるようには見えない。

もうお手上げだ。私の手に負えない。

長年この仕事をしているが、きみのような人間には会ったことがない。

期待に応えようとまじめに取り組んでいるようにはとても見えない。

ワンポイントアドバイス

叱責するときは、手当たり次第に撃ってはいけない。皮肉を言ったり、なぜその人物が質の高い仕事をしないのか、またはなぜルールに従わないのか、その理由を分析したりしないこと。

「なぜ」の部分よりも、その人物の行動と、その行動がどのように許容される基準に満たないかを明確に説明することのほうが重要なのだ。

その人物の行いがどのように基準に満たないかを客観的に描写し、そこで嘲笑されたり真っ向から反論されたりしても、否定や個人攻撃に走りたくなる気持ちを抑えること。

冷静さを失わず、穏やかな調子で次のように言う。「どうも互いに見解が違うようだ。私が見たところとレポートの内容によると、きみの仕事が基準に満たないことは明らかだ。なぜ見解の違いが起こるのか説明してもらえるだろうか？」

こんなアプローチをとれば、もっと正直に、細かいところまで話し合うことができる。

ヒント

きちんと仕事をしない部下に、どう向き合うか

最善の方法は、**友好的に質問をする雰囲気を確立し、ギブ・アンド・テイクの会話を目指していることを最初からはっきり示す**ことだ。

たとえば、次のような質問で始める。「きみがここに来てもう２年になる。そこで知りたいのだが、きみは自分が進歩していると感じているだろうか？　自分の仕事ぶりについてどう思うか話してみてくれないか？」

その人物が何年会社にいるかを指摘することから会話を始めるのは、賢い方法である。そうすることで、物事の全体が見渡せるようになり、それに加えてあなたがなにがしかの調査をしたことを示すこともできる。

また、答え方によって、その人物が自分の仕事をどう思っているか、ある程度知ることができる。そのような知識は、仕事の改善法について部下と話し合うときに役に立つだろう。

もう１つ、自分の感情や意見をあまりにも早く表明するのを避けられる利点もある。

部下を叱責する
ためのチェックリスト

□叱責する前に、間違った行いの影響、その出来事の原因、部下に学んでもらいたい教訓について考える。

□叱責するときは前例を考慮する。同じような間違いには同じように対処しているか確認する。

□部下と個別に会って叱責する。

□許容されない行動、仕事ぶり、態度に話題を絞り、人格攻撃をしない。

SKILL 07

時間を管理する

1 最高に能率の上がる時間帯を見つける

2 時間を上手に管理する

3 時間の無駄を排除する

4 自分の時間管理術を宣伝する

5 ミーティングを効率よく行う

参加しなければならないミーティング、守らなければならないスケジュール、期限までに仕上げなければならないレポート……。

ほとんどの新米リーダーが、最初は仕事の量の多さに圧倒されてしまい、一日8時間か10時間ですべて片づくわけがないと途方に暮れる。

それから徐々に、もっと効率的に働く方法を見つけていくか、または少なくとも、無駄を最小限に抑えるように、もっと時間に気を配るようになる。

多くのリーダーにとって、能率的な仕事法は自然にはやってこない。簡単に自分を甘やかしてはいけない。「私はそれほど能率的じゃないんだ」「時間管理は私の得意分野ではない」などの言葉は、ただの言い訳である。

時間管理のスキルは、生まれながらの才能ではない。努力して身につけるものだ。

リーダーとして好スタートを切りたいのなら、まず最初に時間管理術を身につけよう。**生産性を上げる方法を見つけるのが早いほど、成功も早くなる。**それに加えて、時間管理のうまいリーダーは、部下の手本となれる。

あなたが仕事をコントロールするのであって、その逆ではないのだ。

テスト

あなたの時間管理力はどれぐらい？

時間管理術を磨く最初のステップは、自分の働き方を知ることだ。以下の質問に1から10で答えよう。**1は「まったくない」**、**5は「半分くらい」**、**10は「いつも」**である。

A **食事**：忙しくて朝食や昼食を抜く。〔　　〕
B **期限**：期限を守らない。または、約束した日までに仕事を仕上げない。〔　　〕
C **休憩時間**：自由な時間ができたらただ漫然と過ごし、後でもっと有効に使わなかったことを後悔する。〔　　〕
D **災難**：眼鏡をなくしたり、コンピュータがクラッシュしたりしたら、ほかのすべてをなげうってその問題に取り組む（たとえ1時間か2時間かかろうとも）。〔　　〕
E **先延ばし**：気の進まない仕事は先延ばしにする。〔　　〕
F **融通性**：突然の危機が起こって対応しなければならなくなっても、ほかの比較的ささいな事柄を片づけてからその危機に取りかかる。〔　　〕
G **自覚**：仕事中に時間の感覚を失う。〔　　〕
H **整理整頓**：机の上が散らかっているので、能率的に働くことができない。〔　　〕
I **ミーティング**：ミーティングに必要以上の時間を費やしている。〔　　〕
J **計画を立てる**：約束を入れすぎるので、習慣的に時間に遅れる。〔　　〕

合計〔　　〕点

診断方法

点数をすべて足してみよう。

・40点以下：あなたは新米リーダーとして、素晴らしいスタートを切れるだろう。

・41～60点：ほとんどの新米リーダーがここに入る。この点数は、改善の余地はあるが、ある程度の時間管理を確立していることを意味している。

・61～80点：時間管理のスキルが大幅に欠けている。

・81点以上：リーダーの地位にいられるのもそう長くないと断言できる。

1 最高に能率の上がる時間帯を見つける

仕事の能率を上げるには、**まず自分がいちばん能率よく働ける時間を知ることが大切だ。**誰にでも、いちばん能力を発揮できる時間帯がある。それは早朝かもしれないし、ランチの直前かもしれないし、ほとんどの人が帰宅して静かになってからかもしれない。その「最高の時間」に、あなたはもっとも集中力を発揮し、仕事を最後まで仕上げ、2つか3つの仕事を同時にこなすことができる。

自分の最高の時間は一日の終わりだと考えるリーダーは多い。部下がみな帰宅し、静かに自分の仕事に集中できるからだ。

しかし、「片づける」時間（つまり、書類整理をするような時間）と、最高の仕事ができる時間（日々の雑事以上のことができる時間）を、混同してはならない。

次のようにして、自分の最高の時間を見つけてみよう。

最高に能率の上がる時間帯を見つける

3つのステップ

STEP 1

月～金の毎日1時間ずつ、電話に出たり来客に会ったりしないで仕事をする時間を予定に入れる

時間帯は毎日ずらすこと。たとえば、月曜は午前8～9時、火曜は午前10～11時というふうにする。

STEP 2

それぞれの日、1時間が過ぎたら、その時間の生産性を評価する

あなたは自分にとっての「最高の時間」はいつか、
知っているだろうか？
仕事の能率を上げるには、まずそれを知ることだ。

STEP 3

その週が終わったら、どの時間帯がいちばんいい成績を上げたかを分析する

「どれくらい集中できたか」「どれくらい達成できたか」「エネルギーのレベルはどうか」といった基準に基づいて、AからFで評価する。

それによって、自分の最高の時間を知ることができる。

キーワード

「最高の時間」

最高の生産性を発揮できる、一日のうちのある時間帯のこと。あなたがもっとも集中できて、もっとも注意深く、もっとも好奇心旺盛な時間帯だ。

賢いリーダーは、この時間を自分のために確保し、もっとも頭を使う仕事、もっとも大変な仕事、またはもっとも嫌な仕事に充てる。

2 時間を上手に管理する

定年後に備えて貯金をするのと同じように、この先もっと能率よくなれるように今から対策をとるべきである。

新米リーダーは、いちばん大変な仕事、またはいちばん嫌な仕事（たとえば勤務評定など）のスケジュールを立てるとき、それに必要な準備の時間を考慮に入れずに決めてしまいがちだ。

できるリーダーは、まず土台を築いておき、避けられない危機のときでも道を外れず生産性を維持できるようにする。彼らは何が起こってもあわてない。

なぜなら、**予想外の出来事に備えて計画を立てているからであり、緊急事態に備えるために怠ける時間を切りつめているから**だ。

以下に、時間が無駄に奪われそうな状況を予期し、ものに動じない、段取りのいいリーダーという評判を確立する方法を、いくつか紹介しよう。

4つの秘訣

時間を上手に管理する

1 計画的に、少しずつ進める

時間をきちんと管理して、目標に向かって確実に進んでいけるようにするべきである。なるべく早めに、そして頻繁に、少なくともある程度の進歩を遂げることを習慣にする。

たとえそれが、1週間か2週間先のミーティング用のメモをざっと書くことでもかまわない。

2 明日の仕事のリストを作る

もっとも賢く、もっとも能率的なリーダーは、仕事のリストを大切にする。前の晩にリストを作り、朝起きたときにすでにその日にやることがわかっているようにする。

そして、静かに落ちついて作業できる時間にリストを作ることによって、何をするべきか、何を優先させるかについて、もっと明確に考えることができる。

ものに動じない、
段取りのいいリーダーになるために、
どのように時間を管理すればいいだろうか？

3 立ち止まる時間を計画に入れる

一日の計画を立てるときは、のんびりする時間も計算に入れることが大切だ。それぞれの仕事に時間を十分に割り当て、余裕をもって進められるようにしよう。

4 約束はその場で果たす

誰かに何かをすると約束したら、その場でそれを片づける。先延ばしにしたり、後で思い出すだろうと高をくくってはいけない。

新米リーダーは、部下に「今はわからないが、調べて後で連絡する」と言うことがしばしばある。そのような約束はすべて、たとえそれが、会社の休暇についての決まりを調べるという簡単なことであっても、紙に書いておくこと。

迷ったときに

正しくバランスをとろう

時間管理術を磨くには、**限られた時間でたくさんのことをやろうとしないのが大切だ**。さもないと精神的に疲れ果て、仕事の質が下がってしまう。

90分につき10分休憩を取り、ずっと質の高い仕事ができるようにしよう。休憩でバッテリーを充電し、頭の働きを活発にするのだ。

3 時間の無駄を排除する

能率のいいリーダーは、自分で自分の時間をコントロールする。他人やほかの物事に、時間やエネルギーを奪わせない。

時間に無頓着な人は、次々と押しよせてくる出来事に反応するだけで、自分の時間をコントロールすることができない。

もっとも避けたい時間の無駄の要因は、実はもっとも油断のならない相手でもある。

では、時間管理の最大の敵3つ、**「無駄な会話やイライラする会話に時間を費やす」「嫌な仕事を先延ばしにする」「休憩時間を利用しない」**を撃退する方法を紹介しよう。

時間の無駄を排除する

3つの方法

1 無駄な会話をしない

能率のいいリーダーは、当面の問題だけを話題にする。質問をし、簡潔なコメントを与え、スポットライトを自分に向けない。そして彼らは、部下と会うのはすべて何かを学ぶチャンスだと考える。世間話をするためではない。

仕事の能率を上げるもう1つの方法は、腹の立つ会話や不満の残る会話にこだわらないことだ。そういう会話にいつまでも腹を立て、頭の中で何度も再生していては、生産性は損なわれるだろう。

2 先のことをくよくよ考えない

後ろ向きの考えは、ある程度前向きで元気が出るような考えに置き換えよう。「これをやりたくない」「私の仕事のこの部分が我慢できない」などと思い悩んだり、人に愚痴ったりしないこと。

能率のいいリーダーになるために、
時間管理の最大の敵3つを
撃退する方法を知っておこう！

自分を待ち受けている嫌な仕事で頭をいっぱいにするのではなく、「1週間で仕事をする時間は50時間で、この仕事にかかる時間はたった30分だ」「私はラッキーだ。もっと悪くなったかもしれないのだから」などと考えよう。

3 休憩時間を活用する

能率のいいリーダーは、空き時間を無駄にしない。彼らは決まった休憩時間や、仕事中にぽっかり空いた15分でさえも利用して、体勢を立て直したり、その先の忙しい時間に備えたり、大局的なことを考えたりする。

次の空き時間を、「始める期限」を決める時間にあてよう。それは、文字通りある仕事を始める期限である。翌月までにしなければならないことをリストにし、それぞれについて、いつ取りかかるかを決めることによって、先の見通しができ、効率よく仕事を進めることができる。

ヒント

空き時間を利用する
もっとも賢い方法

その1つは、**普段あまり接していない部下と連絡をとる**ことだ。

たとえば、現場に出ている部下に電話をして、様子をたずねる。最近している仕事や、現場からの最新報告を聞く。そして会話の始めに、何分話をするか相手に告げる。

たとえば、次のように言うのだ。「ミーティングに行くまであと10分時間があるので、そちらの最近の様子を聞いておきたい」。

また、一年のうちの忙しくない時期を、身の回りの整理にあてることもできる。

たとえば古い雑誌や、すでに頭に入れて保存しておく必要のないレポートなど、いらなくなったものを捨てる。メールボックスをいっぱいにしている無駄なメールを削除する。バラバラになった書類を集め、ファイルするか、または必要なければ捨てる。

4 自分の時間管理術を宣伝する

会社でいちばん時間管理のうまいリーダーになったとしても、喜ぶのはまだ早い。**自分は効率がいいということを、誰にでもわかるような形で示さなければならない**。

生産的で「できる」リーダー、たとえ1秒たりとも時間を無駄にしないリーダーという印象を、同僚や上司や部下に与えることができれば、彼らはあなたの時間を無駄にしないようにするだろう。あなたの判断を信頼し、一度に多くの難問に立ち向かう能力があると見なすようになる。

効率的であるという印象を与えるには、わかりやすい形で表すのがいちばんだ。たとえば、オフィス内をつねに整理整頓し、必要な書類を探して来客を待たせるようなことはしない。ミーティングに出るときは、ギリギリになって必要なものをかき集めるようなことをしない。

周りの人があなたの優れた時間管理術を賞賛せざるを得なくなるような方法を4つ、以下に紹介しよう。

自分の時間管理術を宣伝する

4つの方法

1 相手に最新情報を伝える

約束は必ず実行に移す。何かをすると言ったのなら、それをすぐにするか、または約束の相手に進行状況をつねに伝える。

2 ノートに記録する

ノートをつねに持ち歩き、他の人の指示や要求をそのつど書き留める。ノートにメモすれば、相手の言葉を重視していること、相手の話をすべて覚えておきたいことが伝わる。

3 重要な事実を確認する

誰かがある具体的な情報（たとえば日付やミーティングの時間、出張先で会う人物の

周りの人があなたの時間を無駄にしないようにするために、
自分は生産的で効率がいいということを、
わかりやすい形で周りに示そう。

氏名、プロジェクトの予定）を伝えてきたら、相手の言葉を繰り返し、自分が話を聞いて理解したことを示す。

効率のいいリーダーは、すぐに手帳を取りだし、予定をその場で書き込むだろう。これで相手に、自分がその用件をきちんと果たすと示すことができる。

4 居場所を知らせる

仕事の関係上たくさんのミーティングに出たり、建物の中を動き回ったりする必要があるのなら、その日のスケジュールをホワイトボードに書いておき、訪ねてきた人が一目で自分の居場所がわかるようにするのがいい。

オフィスにいないときは遠慮なくメモを残したり、電話したりしてほしいと伝えておく。それに加えて、留守電のメッセージを毎日新しくし、その日はいつオフィスに戻るか、またいつ出先から連絡できるかを伝える。

ヒント

オフィス内は整理整頓！

床や机の上に書類を山積みにしておくのは、かっこいいことではない。ある種の職業の人たちは、書類をオフィス内に積んでおく傾向がある。

しかしリーダーになったら、未決の仕事をそこら中に積んでおくと、あなたには荷が重すぎたと周りから思われてしまう。

彼らはあなたを能率の悪い人だとみなし、それがあなたの権威への対応にも影響を与える。たとえ自分では何がどこにあるかわかっていても、散らかしておくのはいけない。

一日に一回はオフィスの整理を行い、いらないものを捨てたり散らばった書類をファイルしたりすること。

5 ミーティングを効率よく行う

あなたはおそらく、これまでに数多くのミーティングに参加しただろう。しかしリーダーとなった今、ミーティングでのあなたの存在は今までと大きく異なる。

ミーティングで持ち上がりそうな問題を予想し、あらゆる種類の難しい質問に備えなければならなくなる。行き当たりばったりに対応していたら、周囲の信頼を得られない。

もっとも有能なリーダーが開くミーティングは、短く、生産的な話し合いである。**そこでは決断が素速く下され、参加者全員が協力して問題解決にあたる。**

そのようなミーティングを開くように心がければ、時間を効率的に使うことができるとともに、余計なことに気をとられず能率的に働く方法を、部下たちに身をもって示すことができる。

ここでは、効率のよいミーティングの開き方をいくつか紹介しよう。

効率のよいミーティングを開く

3つの方法

1 秩序をつくる

ミーティングでは、部下や同僚が好き勝手に発言するのに任せていてはいけない。明確な議題を提示し、ふさわしい人物を参加させ、スケジュール通りに進行することによって、ミーティングに秩序をもたらさなくてはならない。

2 脇道にそれない

何を話し合うために集まっているのかを、参加者にはっきり伝える。いちばん重要な議題をホワイトボードに書き、少なくとも3つの解決策を決めることが目標であると強調する。

誰かが脇道にそれていったら、ホワイトボードを身ぶりで示し、本題に戻るよう促す。発言者がとりとめもなく話を続けたら、全員に時間を思い出させることで話を中断する。たとえば、「あと45分しかないので、とりあえず本題に戻ろう」と言う。

時間を効率的に使うために、
ミーティングにおいても
生産性を意識しよう。

3 部下の意見や提案を聞きたいときは、曖昧なたずね方をしない

曖昧な聞き方をすると、部下たちが本題とは関係のないことを次々と言いだして、収拾がつかなくなってしまうからだ。

さらに賢い戦略としては、**影響力のある部下と個別に会い、不満や提案があるなら言ってもらう**ことだ。そうすれば、押しの強い人物にミーティングの主題を乗っ取られなくてすむ。

試してみよう

ミーティング計画は緻密に

ミーティングの予定を立てるときは、時間管理のアプローチを応用する。**1つの項目を話し合う時間を厳密に決める**のだ。

たとえば、顧客調査を分析する時間を、10時から11時ではなく、10時15分から10時55分にする。そして、次の話し合いを11時ちょうどから始めることにする。

こうすれば、参加者が休憩を欲しがった場合、予定通り10時55分に終わりにすれば、5分の休憩時間ができる。

時間を管理する
ためのチェックリスト

□自分の働き方を見直し、時間を有効に使っているかどうか考える。

□もっとも生産性を発揮できる時間帯を見つけだし、その時間を自分のために確保して最大限に利用する。

□大きなプロジェクトにあたるときは、早めに手をつけ、少しずつ進める。いつまでも先延ばしにしない。

□その日の朝ではなく、前日に「することリスト」を作る。

□嫌な仕事のことをくよくよ悩まない。さっさと手をつけて荷を軽くする。

□効率的なミーティング運営を心がける。議題をはっきり提示し、時間を決め、無駄に話を続ける人がいたら本題を思い出させる。

SKILL 08

仕事を任せる

1 部下に任せる

2 効果的に指導する

3 その仕事を任せるのに最適な人を選ぶ

4 仕事を任せてうまくいかなかったら？

5 部下の意見を聞きながら、仕事を割り当てるほとんどの新米リーダーは、部下の仕事は自分のほうがうまくできると考えている。たとえば、ファイル整理係から昇進したリーダーなら、自分のファイル整理はどの部下よりも正確だと自負している。

また、人事部のマネージャーに昇進した人は、誰を雇うかについて、適性審査の面接よりも自分の直感のほうが当てになると考える。経理部のマネージャーは、部下の計算を30分かけて見直す。

なぜなら、「自分の仕事は100％信用しているが、部下の仕事は信用できない」からだ。

多くのリーダーが仕事の割り当てで大変な苦労をする理由はおわかりだろう。特に新米リーダーは、最近まで自分でその仕事をしていたのでなおさらだ。

仕事を適切に行うためには自分でやるしかないと考えている人もいる。上司が求める結果を達成するには、部下にできない仕事を自分でやるしかない、と。

しかし、**その働き方では誰のためにもならない**。自分がいちばんうまくできると思い込んでいればたしかに気分はいいかもしれないが、結局は自分のマネジメント能力を損なうことになり、キャリアを築くうえで障害になってしまうのだ。

1 部下に任せる

新米リーダーであるあなたは、1つの厳しい現実を受け入れなければならない。それは、自分で全部できるわけではないということだ。

あなたの成功は、部下たちの貢献にかかっている。彼らが成長し、つねにスキルを磨いていれば、ただ貴重な人材になるというだけでなく、もっと情熱や好奇心、自信を持って、仕事に臨むようになる。

素晴らしいことではないか。あなたはただくつろいで、彼らの頑張りに任せておけばいい。部下が始めたことを自分で終わりにしたくなっても、我慢すること。自分なら簡単に終わりにできる仕事を部下に任せたために、10分間余計に待つことになってしまったとしても、その10分間は、将来への賢い投資であると理解すること。

部下に仕事に取り組む時間を十分に与え、成長に必要な経験をさせることで、この先多くの時間を節約できると知っておこう。

部下に任せるのが難しいと感じる 2つの理由

1 間違いが怖い

仕事を任せてうまくいかなかった場合の最悪のシナリオを想像してみよう。間違いは起こりうるが、起こったら直せばいい。それに、間違いにはいい面もある。

間違いを犯し、そこから学んだ部下は、より貴重な存在になるだろう。

2 時間がない

人にやり方を説明するよりは速いからという理由で、自分で仕事をするほうを好む人がいる。自分でやったほうが、時間の節約になることもある。**しかしそれは一度きりだ。**

二度、三度と自分でしていると、教えなかった代償を時間という形で払うことになる。

ワンポイントアドバイス

仕事を任せたほうがどれだけ時間の節約になるか、実感していただこう。

たとえば、毎週ある器具をどうしても自分でチェックしたいとしよう。方法を教えれば部下にもチェックする能力は十分あるのだが、すべての手順を説明するのが面倒なので、自分で行っている。

部下に手順を教えるのに1時間かかるとする。それから、部下の仕事を見直して正しい方法を教えるのに、最初の4週間は1回2時間かかるとする。1か月もすれば部下も完全に仕事を覚え、あなたは安心して任せられるようになる。その時点で、自分でチェックする必要がなくなったので、1週間につき1時間節約できるようになる。

そして1年が過ぎるころには、あなたは48時間節約したことになる。6日分の労働時間とほぼ同じなのだ！ 部下の教育に投資した時間は、最初の1か月の9時間。長い目で見れば、仕事を任せたほうが時間の節約になるのは明らかだ。

試してみよう

段階を踏んで
仕事を任せよう

その日の「することリスト」を見直し、ある1つの仕事を1人の部下にそっくり任せる。たとえば、5件の電話による顧客満足調査を部下に任せる、またはミーティングに代わりに出てもらい、内容のメモを取ってもらう、など。

仕事を任せるときは、部下と一緒に仕事の出来をチェックする時間を決めておく。

そして次がもっとも難しいステップ——つまり、**任せた仕事をいっさい忘れる**ことだ。部下の仕事を後ろから監視したり、仕事中の部下のところに「ちょっと寄って」みたくなる気持ちを抑えること。

2 効果的に指導する

仕事を任せることの利点を理解したら、**次のステップは、部下に何をしてもらいたいのかをわかりやすく効果的に伝えること**だ。

仕事を任せるときのコミュニケーションが、部下の仕事ぶりを決める。

新米リーダーは、人を指導した経験が少ない。何度も同じことを繰り返してしまうかもしれないし、相手がわかっていることまでくどくど説明してしまうかもしれない。また、わかっているものと思い込んで十分に説明しないこともあるだろう。そのような落とし穴にはまると、大惨事につながりかねない。

以下に、新米リーダーが部下に仕事を任せるときに、もっとも犯しやすい間違いを5つ紹介しよう。

部下に仕事を任せるときに犯しやすい 5つの間違い

1 あわてて説明する

あなたの言葉を理解して、わからないことを質問するチャンスを与えないと、彼らが間違える確率は高くなる。

2 曖昧に説明する

何をしてもらいたいのか、自分でもはっきりわかっていないのなら、まだ何も言ってはいけない。前もって考えをまとめておき、いざ指導するときに、何を達成するべきなのか、どのように達成するべきなのかを、部下に明確に説明できるようにする。

3 説明しすぎる

どんなに簡単なことでもかんで含めるように説明しないとわからないと、勝手に思い込んではいけない。

部下にしてほしいことを
わかりやすく効果的に伝えるべきときに
犯しやすい間違いを知っておこう。

4 その場で実際にやってもらうのを忘れる

仕事を任せるときは、**説明したことをその場で実際にやってもらうのが大切だ**。そして、フィードバックを与え、アドバイスを提供し、進歩をほめる。

5 終わりにする時期にこだわる

仕事の期限を強調しすぎるよりも、**部下が仕事を始める期限を決める**ほうが賢い方法である。たとえば、次のように言う。

「この仕事の締め切りは10月1日で、今日は8月5日だ。調査を始める時期、レポートを書き始める時期を、教えてもらえるだろうか？」

ヒント

部下とのつながりをつくるチャンスと考える

効果的に指導するための鍵は、準備に時間を投資することだ。私が知っているマネージャーの中には、仕事を任せるときに、手順をざっと書いたメモを部下のコンピュータの画面に貼るだけの人がいる。

朝オフィスにやってきて、それを見た部下は、これから暗号のようなメモを解読しなければならないと考えただけで嫌になるだろう。

仕事を任せるときは、それが部下との間につながりをつくるチャンスだと考えよう。何をしなければならないのか、どのように行えばいいのか、なぜそれが重要なのかといったことについて、部下と気軽に話し合う。

それはつまり、仕事を任せるのに2分ではなく10分かかるということかもしれないが、その努力は必ず後で報われる。

3 その仕事を任せるのに最適な人を選ぶ

新米リーダーが自分でやってしまいたくなる衝動を乗り越えられるようになると、メンバーの間で責任を分担することがすべての人の利益になると気づく。しかし彼らはしばしば、大切なことを忘れてしまう。**それは、部下を正しく選ぶことだ。**

新米リーダーが仕事を任せるときの間違いでもっとも多いのは、簡単な仕事だから誰でもできると考えてしまうことだ。

そして、行き当たりばったりで誰に任せるか決め、こう言う。「これをお願いする。すぐに取りかかってくれ」。これでは、大惨事をみずから招いているようなものだ。

仕事を任せるときは、ベストの進め方について部下と話し合ったほうがいいか、またはただ「金曜までに仕上げてくれ」と言って後は放っておいたほうがいいか考えよう。

部下とじっくり話し合って、どのように仕事を進めるつもりか聞きたいのなら、自分の力で考えることができ、意見を率直に言う部下を選ぶべきだろう。

3つのヒント

その仕事に最適な人を選ぶ

1 組み合わせを考慮する

たとえば、頑固な部下や独立志向の部下に対しては、仕事を「売り込む」ための時間を確保しよう。

違う手順やアプローチ法の利点について、彼らと討論する。仕事の進め方についての彼らの提案を、偏見を持たずに聞く。彼らのインプットを歓迎し、理にかなった代案を提案したことを賞賛する。

あるいは、とても内気な技術者にとって、あなたの代わりに会議に出席してスピーチをする仕事は、おそらく荷が重すぎるだろう。

しかし、その技術者にスピーチの内容のポイントをまとめてもらい、実際に話すのはもっと外向的な部下に任せれば、それぞれの部下のいいところを活用することができる。

2 部下に、どのような種類の仕事がいちばん楽しいか聞いてみる

行き当たりばったりで任せるのではなく、
もっとも適した人に任せるには
どうしたらいいだろうか？

3 1人ひとりに紙を配り、今後やってみたいことをリストにしてもらう

仕事に生かせそうな、彼らの隠れた才能や興味を探りだす。

たとえば、電話での顧客サービスを担当している人物は、もしかしたら顧客と実際に会うことを熱望しているかもしれない。


このリストを参考にすれば、それぞれの仕事をいちばん熱心に取り組みそうな部下に割り当てることができる。

そうすれば、誰に任せるかを考えるときに、勘や推測に頼ることが少なくなるだろう。

迷ったときに

ひいきをしない

あなたには、ある特定の好きな部下、信頼できる部下がいる。おそらく、そのうちの何人かとは前に机を並べて働いたことがあって、それで彼らは能力があって頼りになると知っているのだろう。だから仕事を割り当てるとき、真っ先に彼らに任せてしまう。

ここでの問題は、**もし「最高の部下」にばかり任せていたら、そのほかの部下の潜在能力やエネルギーを無駄にしてしまう**ということだ。彼らにもっといい仕事ができたとしても、それは永遠にわからない。

しかし、能力が試されるような重大な仕事を任せれば、彼らに大きな自信をつけさせることができる。

4 仕事を任せてうまくいかなかったら？

仕事を任せて失敗することもある。新米リーダーは、この厳しい事実を受け入れなければならない。

しかしだからといって、全部自分でやったほうがいいというわけではない。

失敗が起きるのは、たいていコミュニケーションがうまくいかなかったからか、または準備不足が原因である。リーダーが仕事を部下にわかりやすく説明しなかった、または部下がその仕事を効果的にこなすのに必要なスキルを持っていなかったということだ。

このとき、あなたがもし怒りを爆発させたら、彼らは今後、新しいやり方に挑戦したり、リスクを冒したりすることを躊躇するだろう。

しかし、間違いは避けられないという姿勢で冷静に受けとめれば、大失敗を犯してもあなたとの絆は切れないと部下たちは安心することができる。

仕事を任せてうまくいかなかったときは、以下のガイドラインに従おう。

仕事を任せてうまくいかなかったら？

3つのガイドライン

1 解決策に集中する

混乱状態にあるさなかで、部下への罰を急いではいけない。事実を集め、自分がその出来事をきちんと理解しているか確認したのなら、いつまでもこだわっていては問題をさらに悪化させるだけだ。

とりあえず今のところは、前向きな姿勢を失わないことだ。部下に「次はどうする？」と考えるよう促す。状況を救うためのベストの戦略を、部下とともに考える。

2 客観性を失わない

新米リーダーの中には、失敗に慣れていない人もいる。プレッシャーに押しつぶされ、平静を失ってしまう。

「なぜ自分でやらなかったのか？」などと考え出せば、それは平静さを失っている証拠だ。

仕事を任せてもすべてがうまくいくとは限らない。
そんなときは、
このガイドラインに従おう。

自戒もほどほどにすること。最悪のシナリオを思い描き、広い視野で考える。少しの間は大変な思いをするかもしれないが、それが永遠に続くことはめったにない。

3 分析を忘れない

失敗から立ち直ったら、2、3日置いて、そして分析を始める。仕事を任せるうえでの自分の間違いから学び、部下の失敗から学ぶ。

犯人を捜す警官のように調査するのではなく、事実を正確に組み立てて出来事の全体像を探ろうとする冷静なレポーターのように振る舞う。

そして、**分析の過程に部下も参加させる**。分析の目的は、失敗から学び将来の間違いを避けるためだと、穏やかに説明する。

メソッド

部下を10段階で評価する

全員の部下に確実に仕事を割り当てるために、仕事を任されたときの反応の仕方によって部下を１から10で評価する。

もっともおとなしくて従順な部下は１、もっとも頑固で反抗的な部下は10になる。

そして、扱いが楽な部下（５以下）に仕事を割り当てたら、それと同じ数だけ難しい部下（６以上）にも仕事を割り当てるようシステムをつくる。

そうすれば、難しい部下を無視することがなくなり、それによって彼らも態度を改善し、スキルを磨いていくだろう。

5 部下の意見を聞きながら、仕事を割り当てる

仕事を任せる流れはいつでも上から下だと思っているかもしれない。しかし実際は、上司と部下の対話の中から生まれるのがよい。それぞれがアイデアを出し合い、部下の行動プランを作りあげるのだ。

上司が目標や問題を説明し、部下に解決策を考えさせる。仕事の割り当ては、そのような対話の中から生まれるのが理想的である。

ほとんどの部下は、知る必要のある知識と、しなければならないことをただ与えられるよりも、協力して知識を探すほうを好む。

手順の細かいところまでいちいち指図されたら、活気があって自分の頭で考えられるメンバーというよりも、むしろ言われたことだけをするゾンビになってしまう。

では、参加型の仕事の割り当てを行うようにするには、どうすればいいだろうか？

参加型の仕事の割り当てを行う 2つのステップ

STEP 1

まず、

「この仕事をやってもらいたい」

と言う。

STEP 2

次に、

「どのように進めればいいと思うか？」

「そのやり方のメリットとデメリットは何か？」

という2つの質問をする。

これを習慣にすると、部下はただ上司に言われたとおりにするのではなく、計画を実行するためにもっとも効果的な方法を考えるようになるだろう。

ワンポイントアドバイス

部下が仕事を割り当てる過程に積極的に参加できれば、もっと熱心にその仕事に取り組むようになる。それに加えて、結果に責任を持つようにもなるだろう。

なぜか？　それは、**部下が「なぜ」それを行うかを知っていて、「どのように」行うかを自分で決めると、成功の確率が高くなる**からだ。

彼らは仕事の過程に完全に参加している。その結果、モチベーションが高まり、そして集中力も高まるのだ。

仕事の性質や見通しを自分で決めることができると、その仕事をより大切にするようになる。そしてそれは、いい結果につながるというだけでなく、リーダーとしてのあなたの仕事もはるかに楽になるのだ。

試してみよう

2つの方法を比較する実験

まず最初は、部下に何かをするように言う。質問も話し合いもいっさいなし。ただ命令を出して、相手が理解したことを確認し、後は仕事の完成を待つ。

次に、同じ仕事を、同程度の知識と経験を持つ別の部下に割り当てる。しかし今度は、参加型の割り当てを行う。先ほど述べた２つの質問に加え、「これについてどう思うか？」「これを完成させる方法について、何かアイデアがあるか？」とたずねる。

結果を比較してみよう。２番目の部下のほうが、仕事をはるかに効率的に完成させたことに気づくだろう。

それに加えて、２番目の部下はボーナスをもたらしてくれるかもしれない。ただあなたの目標を達成する方法を考え出すだけでなく、別のアイデアを提供したり、前の仕事を達成する新しい方法を発見してくれたりするかもしれないのだ。

仕事を任せる
ためのチェックリスト

□部下に任せるという形で仕事を与えることによって、部下をコントロールする力は大きくなるということを意識する。

□自分で仕事をすることによって最初は時間が節約できるかもしれないが、仕事を割り当てないことによって生じる長期のコストを考慮に入れる。

□指示を出すときは、部下の質問に答える時間とアイデアを聞き出す時間を残しておく。

□重要な事実、たとえばプロジェクトの目標や期限などを与える。しかし、説明しすぎたり、情報を与えすぎたりしない。

□仕事を任せるときは、ひいきをしない。それぞれの部下の長所に合わせて仕事を割り当てる。

□仕事を任せて失敗したら、解決策に集中する。過剰反応したり、性急に部下を責めたりしてはいけない。

SKILL 09

上司をコントロールする

1 上司とのコミュニケーションをどうするか
2 上司と部下の板挟み状態に対応する
3 上司の好むタイプに合わせる
4 約束は少なく、実行は多く
5 進捗状況を報告する

マークは自分の上司が好きだった。金融サービス会社の超やり手コンピュータプログラマーであるマークにとって、最高の上司とは「自分の邪魔をしない」上司だった。そして彼の上司は、満足して彼の望みに従っていた。

しかしマークが昇進してリーダーになると、上司も今まで通り彼を放っておくわけにはいかなくなった。マークの仕事の責任が増したからだ。

「リーダーになったとたんに、ボスの態度が変わったんです」とマークは言う。

「前は私の判断を信頼して好きに実験させてくれていたのに、毎週たくさんの報告をすることを要求するようになった。それはまるで、何もかも知る必要があると言っているようでした」

マークは新米リーダーに一般的な難問に直面している。その難問とは、上司を満足させる方法だ。

リーダーの仕事が初めてなら、ボスがあなたの仕事ぶりに今まで以上に興味を持つのは当然である。なぜならあなたは、自分の能力をすでに証明した場所から、地図のない領域へと移ったからだ。

1 上司とのコミュニケーションをどうするか

部下と話をするときは、いつでも誤解の可能性をはらんでいる。あなたは曖昧な指示を出すかもしれないし、わかりにくい説明をするかもしれない。

上司と話すときは、まったく違う種類の落とし穴が待ちかまえている。あなたは通りがかりの何気ない一言を深読みし、何か裏の意味が隠されていると考えるかもしれない。その結果、新米リーダーは混乱し、気の毒なことにボスの真意をあれこれ思い悩む。最初のうちは、不安を感じるのが普通である。

逆に、あなたがはっきり言わないことによって生じる問題についても忘れてはいけない。ボスと率直に話すこと、具体的な情報を提供すること、悪い知らせを伝えることをためらうと、後で厄介なことになるだろう。

新米リーダーにとっては、信頼を確保し、それを強めることが、上とのコミュニケーションに欠かせないのだ。以下に、上司と話すときに避けるべき3つの事柄をあげる。

上司と話すときに避けるべき 3つのこと

1 はぐらかし

リーダーになって最初の数か月は、上司に伝える悪いニュースは最小限にとどめたいと思うだろう。それに加えて、「わかりません」と答えることも極力避けたい。そのため、かわしたりごまかしたりを繰り返し、不愉快なことを言ったり、知識不足を認めたり、チームの問題点を話したりするのを避けようとする。はぐらかしていれば時間を稼げるかもしれないが、根本的な解決にはならない。実際、ほとんどのボスはあなたが答えたがらないのを見抜くだろう。

2 事実と意見を混同する

リーダーになると、とたんに自分の発言が重みを持ったように感じる。その結果、上司と話をするときに、自由に独断的な物言いをしてもいいような気がしてしまう。しかしそれは間違っている。ただの意見を事実のように語ったら、上司はそれを見抜

上司とのコミュニケーションでは、
上司の信頼を確保し、
それを強めることが不可欠だ。

くだろう。

自分の見方を、さも自明の真理のように語ると、傲慢な印象を与えてしまう恐れがある。そしてほとんどのボスは、知ったかぶりの部下が嫌いである。

3 伝言ゲーム

上司の目となり耳となるのなら、正確な情報だけを伝えなければならない。噂をボスの耳に入れたり、確認されていないデータの断片を伝えたりすると、それが事実でないとわかったときに厄介なことになる。

上とのコミュニケーションを管理するのは、伝言ゲームに似ている。メッセージが最後の人まで届くころには、最初とまったく違った内容になっているだろう。

試してみよう

怖がらずに確認する

ボスの謎めいた言葉を解読し、裏にあるメッセージを読み取る戦術を紹介しよう。

まずはじめに、「確認のために質問をさせてください」と言う。次に、上司の言葉を一語一句違わずに繰り返す。そして最後に、「今の言葉の意味をくわしく説明してもらえますか？」などとたずねる。

なかには、あなたが言葉を繰り返した時点で、自分から説明を始める上司もいる。そうなれば、あなたは何もたずねなくてすむ。彼らはさらに情報を提供するかもしれないし、自分の意図をもっとくわしく説明するかもしれない。

どのような場合であっても、ボスの言葉をそのまま繰り返すのが鍵だ——たとえまったく意味がわからなくても。別の言葉で言い換えようとすると、さらに混乱を招いてしまう。

2 上司と部下の板挟み状態に対応する

すべてがうまくいっているときは、ボスをうまく管理するのは簡単だ。しかし危機のさなかにあると、緊張が高まり、思わず怒りが爆発することがある。そのようなときに、人は不注意なことを口走ってしまい、人間関係に永遠に傷を残すことになる。

新米リーダーにとっていちばん難しい状況は、物議をかもすようなボスの命令に従いながら、怒る部下をなだめることだろう。

ある時点で、ほとんどすべてのリーダーが上司と部下の間で板挟みになるものだ。あなただけではない。**その状況を、リーダーとしての仕事の一部として受け入れよう**。なにも生きるか死ぬかの危機ではないのだ。

どんなボスでも、ときには完全なマヌケに見えたり、理不尽な命令を下したりするということを忘れないように。そしてあなたは、適切に、プロらしく、対応しなければならないのだ。

反発が予想される上司からの命令を部下に伝えるときの 3つのステップ

STEP 1

命令をわかりやすくニュートラルな言葉で説明する

このとき、上司への不満を表に出したり、また上司を批判したり嘲笑したりしないこと。

STEP 2

次に、大きな目標を強調する

たとえば、組織がビジネスの不調を乗り越える必要があること、または、チームワー

上司と部下の板挟み状態を回避したいとき、
リーダーとして
どのように振る舞えばいいだろうか？

クを促進し、すべての従業員に長期の雇用の安定を保証するために、全員がある種の犠牲を払わなければならないこと、など。

STEP 3

最後に、質問の時間を設ける

ただ命令を伝えるだけではダメだ。彼らに不満を吐き出させ、それを辛抱強く聞かなければならない。

迷ったときに

上司に賛成できない場合は？

多くの場合において、**上司の命令に賛成できない場合はそう言ったほうが賢明である**。しかし、まるで生きるか死ぬかの問題のように振る舞って、状況を大げさにしてはいけない。

「ほかの方法のほうがいいように思うのですが……」

「それには反対なのですが、あなたがやろうとしていることはわかります」

のように言えばいいだろう。

その際、気持ちのいいトーンで話すこと。演出過剰は禁物である。

そして最後に、100％賛成というわけではないが、それでも命令をできる限り実行に移すことを約束する。

3 上司の好むタイプに合わせる

上司をコントロールしようという場合、ありのままの性格が障害になることもある。それは、ボスがどんなタイプの人間をいちばん好むかによって決まるのだ。

どちらかといえば、おとなしくて従順な部下を相手に上司風を吹かせるのが好きな人もいる。その一方で、指示をあまり必要としない、自分の頭で考えられるリーダーを育てるのが好きな上司もいる。

どのような場合でも、**あなたは自分の性格を、上司の好むタイプに合わせなければならない。**

あなたの性格と上司の性格が合わないと、問題が起こる可能性がかなり高くなる。新米リーダーは、次に挙げる4つのタイプの性格のどれか1つに当てはまることが多い。

あなた自身は、4つのタイプのどれに近いだろうか?

あなたはどのタイプ？

1 問題がないことにする人

このタイプの人は、気に入らないことから目を背ける。厳しい現実をすべて否定する。「あれについて考えなければ、自然に消えてくれるだろう」と、彼らは考える。

そのようなリーダーは、心配事を上司に言わないだろうし、深刻な問題でも何でもないふりをして報告するだろう。なぜなら、それと正面から向き合う度胸がないからだ。

☑ 上司とうまくやるには？

もしあなたがこのタイプなら、あなたと同じくらい忘れっぽい上司を望んだほうがいいだろう。2人とも問題を無視することに同意する、またはただすべて順調というふりをするのなら、あなたは罰の心配をせず事を進めることができる。

もちろん問題は消えてなくならないが、少なくとも、無視することによって対処するという方法を上から支持してもらうことならできる。

あなた自身は4つのタイプのどれに近いだろうか？
そして、上司とうまくやるには
どうすればいいだろうか？

2 冗談好きな人

このタイプの人は、お気に入りの処世術としてユーモアを用いる。どんなに困ったことがあっても、冗談を言っていつもニコニコしている。罪のないだじゃれや悪ふざけで、オフィスの緊張を消そうとする。

上司とうまくやるには？

あなたがこのタイプなら、上司がそれをおもしろがることを確かめなければならない。状況にユーモアを加えるつもりで何かを言ったとき、上司がどう反応するかをよく見ることだ。

上司がまったく笑わなかったり、またはあからさまに不機嫌になったりイライラしたりしたら、深刻な問題にはまじめに対処したほうがいいという確実なサインである。

それに加えて、自分のスキル不足や情報の不足を隠すためにユーモアを使っているのなら、むしろその不足を補ったほうがいい。

3 心配性の人

このタイプの人は、いつも弱音を吐き、いつもおろおろしている。そしてほとんどの上司は、そのような部下を持つことを嫌がる。

上司とうまくやるには？

もしあなたが、すべての決断でくよくよ悩んでいるのなら、それが上司にどのような印象を与えるか考えてみよう。

皮肉なことに、多くの「心配性の人」は実は能力のあるリーダーなのだ。そのくよくよ悩む性質で、多くの仕事に立ち向かおうとする鉄の意志を隠しているのかもしれない。しかし上司の目から見れば、彼らは単に困難を乗り切る強さがないだけだということになる。

「幸運にも」上司も同じような心配性でない限り、不安は仕事の外で健全に発散したほうがいい。上司の前では、タフでプレッシャーにつぶされない人物にならなければならない。

4 衝動的な人

このタイプの人は、集中力が長続きしない。考えなしにしゃべり、その結果、失言を繰り返す。彼らはまた、一日中問題の処理に追われている。先のことを考えたり、危機に備えたりしないからだ。

上司とうまくやるには？

多くの上司が、衝動性は実は怠惰の表れだと見なす。事前にじっくり考えることができないのは、単に規律がないか、仕事の段取りが悪いかだと、彼らは考える。そのような上司の下でずっと衝動的に仕事を進めていたら、昇進のチャンスはないと見ていいだろう。

あるプロジェクトにどう立ち向かうつもりかを、意識して上司に説明するようにしよう。仕事を何段階かに分けて考える習慣をつける。そして、「3ステップのプロセス」などの方法を、上司に話す。

そうすれば、考えなしに仕事に飛び込むのではないこと、大事なときは衝動性を抑えられることを、上司に示すことができる。

ヒント

相手の長所に目を向けよう

忘れてはならないのは、誰にでも独自の性質があるということだ。

私たちは、互いを許容し、相手の長所や能力に目を向ける必要がある。それが上司でも、部下でも、または自分自身であっても。

そしてまた、自分の能力を高めて組織に貢献する必要があり、たとえ悪い知らせであっても正直に伝える必要がある。そうすれば、波長のあった仕事上の関係を築くことができるだろう。

4 約束は少なく、実行は多く

上司をコントロールするベストの方法は、上司の期待をコントロールすることだ。ボスが期待する以上の成果をコンスタントに上げていれば、並外れて優秀な新米リーダーという印象を確立できるだろう。

上司があなたの限界以上のことを要求し、非現実的なほど高い期待を抱いているのなら、約束を少なくして実行を多くするのは不可能なように思える。しかし、そうではない。なぜなら、上司の期待をそのまま受け入れるべきではないからだ。

そうではなく、**より現実的な自分の目標の根拠を説明する**。そして、次のようにつけ加える。「私に高い期待を寄せてくださっていることはうれしく思います。私はできない約束はしませんが、いつでも全力を尽くすことはお約束します」。

そうすれば、最初の目標以上の成果を上げてボスを喜ばせる舞台は整うだろう。

それでは具体的に、ボスの期待をコントロールする方法を見てみよう。

[上司の期待をコントロールする 2つのステップ]

STEP 1

成果がはっきり目に見える形で表れるようなプロジェクトを計画する。

STEP 2

進捗状況をどのように追跡するかを決める。

上司から指示が出るのを待っていてはいけない。上司が決めた基準に満たない場合は失敗と見なされるからだ。

ワンポイントアドバイス

力

スタマーサービスの対応を迅速にするために改革を行うとしよう。目標を示した3つのパートからなるメモ、その目標を達成するための行動プラン、そして結果を出すまでの予定表を、上司に渡す。

このとき、高すぎる目標を掲げるのは禁物だ。**確実に達成できる（そしてそれ以上の成果が上げられる）目標を提示しよう**。そうすれば、ボスは結果にいたく感心するだろう。

それと同じことは、上司と2人でプロジェクトの計画を立てるときにも当てはまる。

達成できると確信できないことを約束したくなる気持ちを我慢する。まずは目標を低めにして、プロジェクトを進めるにつれて高くしていったほうがいい。

試してみよう

目標を設定するときに有効な質問

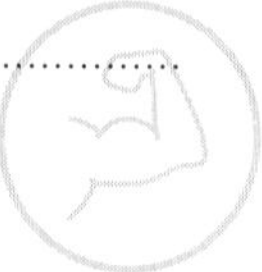

どのような目標を設定するか決める過程では、上司の評価基準を考慮に入れること。「約束は少なく、実行は多く」を確実にする唯一の方法は、**上司が状況をどのように評価するかを理解する時間をとる**ことだ。まず初めに以下の質問を自分にする。

□私の上司は、上の人間にどのような責任があるのだろう？　上の人間はどのような基準を用いて上司を評価するのだろう？
□上司はどのようなプレッシャーに直面しているのだろう？
□上司は私の仕事ぶりをどのように追跡するのだろう？
□上司は私に何を期待しているのだろう？　その期待を上回るには何をすればいいだろう？
□私がもし期待以上のことをしたら、上司はそれをどの程度気づく、または気にかけるだろう？　結果に上司の注意を向けさせるためにはどのようなステップを取ればいいだろう？

5 進捗状況を報告する

ボスは情報が大好きだ。

最新の数字（週ごとの売上と支出から1か月の成果まで）を多数提供するほど、彼らはあなたの仕事ぶりを評価するのも、上の人間に数字を報告するのも、安心して行うようになる。

上司と同じ数字を追うことによって、上司と同じように考えていることも証明できる。

それであなたの信頼性も高まる。

そのような報告をするためにやるべきことを見てみよう。

あなたの信頼性を高める報告のためにやるべき２つのこと

1 リーダーになったらすぐに、自分の統轄範囲でもっとも重要な数字を上司に聞く

どうすればそのような数字を正確に出すことができるかを確認し、必要な情報を手に入れられるようにしておく。

2 チームの仕事ぶりを報告するベストの方法を、上司に提案してもらう

自分が面と向かって話すのが好きだからといって、上司もそうだと勝手に思い込んではいけない。組織の上の人間のほとんどは、メモや会計報告を好み、グラフや図や表を好む。

だから定期的に、自分が正しい情報を正しいフォーマットで提供しているか、上司に確認する。

ワンポイントアドバイス

上司に報告をするときは好成績を強調したくなるだろうが、**上司をコントロールするスキルが真に試されるのは、悪い成績や間違いを認めるとき**である。

目標を達成できなかったこと、好機を逃したこと、または不注意による大失敗を、報告するのをためらうのは理解できる。しかし、だからといって悪いニュースを隠していいわけではない。

新米のリーダーは、悪いニュースを「楽しいおしゃべり」の合間に滑り込ませようとする。しかしそれは間違いだ。

それよりも、両者とも落ちついてビジネスライクに話ができる時間を待ち、**組織の目標を見直して最新の数字を分析するほうがいい。**

そうすれば、報告内容を組織の業績に結びつけることができ、悪い知らせを受け入れやすくしてくれるような解決策を提示することができる。

ヒント

よくない報告のとき、何と言う?

たとえあなた自身がミスをしたわけではなくても、責任を取る意志を見せること。ほとんどの上司は、正直で率直で、問題が起こったときに他の人のせいにしないようなリーダーを好む。

「私が見ているときに起こったことです。だから私が責任を取ります」と言えば、上司は十中八九、そんなに自分を責めることはないと言ってくれるだろう。そしてまさにそのような関係を、あなたは上司との間に築きたいと考えているはずだ。

上司をコントロールする
ためのチェックリスト

□上司とコミュニケーションを取るときは、根拠のない主張や証拠のない断言を避けること。自分の立場を裏づける情報をたくさん集めることが大切。

□意見を事実のように語らないよう注意する。

□部下から嫌われそうな上からの命令を伝えるときは、それをわかりやすい言葉でニュートラルに表現する。それから組織全体の目標を強調し、質問の時間を残しておく。

□上司に賛成できない場合は、大げさにならずに不賛成の意を表す。ただ自分の見方を説明し、その立場を裏づける証拠を提示する。

□約束は少なくして、実行は多くする。

□上司が好む情報収集と進捗評価の方法を知る。自分のチームの成績を評価する鍵となる数字を見つけ、その数字を追う。

SKILL 10

ネットワークをつくる

1 出会いを大切にする
2 ネットワークづくりを仕組み化する
3 自分自身を宣伝する
4 恐怖を克服する
5 外部の人と交流する

トップは孤独なものである。

今やあなたは権威のある立場になったので、かつての同僚を監視し、その不平不満を退けなければならない。彼らは気軽に口をきいてくれなくなり、その結果、新米リーダーは信頼できる人から疎外されていると感じる。

しかし、そうである必要はない。積極的にネットワークづくりを行えば、権力者たちの世界というまったく新しい場所にアクセスするために、この新しい立場を利用することもできる。

社内の人々との知り合いの輪を広げるには、仕事上の存在感に磨きをかける必要がある。

あなたの全身から自信がにじみ出ていれば、人々を惹きつけるだろう。

仕事上の存在感を確立するには、お店で人目を引く魅力ある商品のように、多すぎず少なすぎずちょうどいい量の、いい意味での注目を集める必要があるのだ。

服装はそれほど重要ではないが、表情、姿勢、会話を始めようという意志は、大いに関係がある。自分が本当に会話を楽しんでいるのだと、相手に信じさせる必要がある。

このようにして人に会う機会を歓迎することで、あなたもネットワークづくりの達人になれるのだ。

1 出会いを大切にする

会議や業界のミーティングに参加しなくても、ネットワークづくりは可能だ。今やリーダーになったのだから、組織全体に自分の存在を知らせる完璧なチャンスを手に入れたのだ。社内で人に会う回数を増やせば増やすほど、上層部と知り合いになり、噂を聞き、ほかの職種や部署を知るチャンスも大きくなる。

それらすべては、気持ちのいい出会いと、こちらから手を差しだすことで始まる。エレベーターで知らない人と乗り合わせたら、自己紹介をして損になることは絶対にない。もしかしたら新しい仕事の助けになってくれる人と知り合えるかもしれない。

しかし会話が始まるとすぐに、次々と襲ってくるマイナス要因を退けようとしている自分に気づくだろう。**ネットワークづくりを成功させるための正しい心の状態にあるかどうかを知るには、会話が始まったら自分の思考を観察するといい。**

思考が以下の3つのポイントに集中していれば理想的である。

ネットワークづくりを成功させる
正しい心の状態
3つのポイント

1. 相手から何かを学びたい。

2. 相手に楽な気分になってもらいたい。

3. 相手と知り合うことができて本当にうれしい。

方で、以下のようなことを考えていたら、すでに墓穴を掘っていることになる。

・今日の私の見かけは最低だ。
・この会話を続ける気分ではない。
・この人が好きではない。

ワンポイントアドバイス

ネットワークづくりをもっとも確実にダメにする方法は、他人に偏見を持つことだ。会話を始めるときは、あらゆる種類の否定的な判断を捨て去ることが大切だ。

誰かと初めて会ったら、ボディーランゲージを通じて喜びを全身で表現しよう。気持ちのいい表情と相手を歓迎するようなジェスチャーで、こちらの温かさと善意を伝える。

ネットワークづくりの達人は、最初から相手を楽な気持ちにさせ、会話がよりスムーズに進むようにするものなのだ。

試してみよう

会話を始める言葉を
用意しておこう

知らない人との会話を楽に始めるために、どんな場合でも使えるきっかけの言葉を用意しておこう。

「こんにちは、私は○○です」と言う前に、たとえば「自己紹介させてください」のような、親しみやすい言葉を添えるといい。

そして、「私は○○部の新しいリーダーです」と続け、会話を前に進めていく。自分の仕事を説明すれば、相手は少なくとも、何か興味深いことやあなたの仕事に関連のあることを言ってくれる。

ほかの例としては、「○○をお持ちですね」「○○を着ていらっしゃいますね」「○○に取り組んでいるそうですね」などと言う。観察する技術を用いて会話に活気を持たせるのだ。相手についてもっと知りたいという気持ちがあれば、会話はうまくいくだろう。

2 ネットワークづくりを仕組み化する

あなたはもうお気づきかもしれないが、**システムと手順と記録が、リーダーという仕事のほぼすべてである。**

多くの新米リーダーが、今までこんなに多くの情報を追跡したことはない——または、こんなに多くの分析法を用いたことはない——と感じる。

同じことはネットワークづくりにも当てはまる。より多くの人と会い、自分が「輪の中にいる」ことを確実にするには、偶然に任せたり、気分次第で新しい人に会ったり会わなかったりではだめなのだ。

気分次第にならないように、ネットワークづくりを仕組み化していこう。

ネットワークづくりを仕組み化する

2つのステップ

STEP 1

毎週、何人の新しい知り合いをつくるか目標を立てる

組織内の人と組織の外の人で、別々に目標を立ててもいいだろう。

たとえば、少なくとも週に5人の新しい人を、自分のネットワークに加えると決心したとしよう。あなたが小さな会社で働いているなら、「誰と知り合いたいだろう?」と自分にたずねることによって、社外の新しい人を探しださなければならない。

その相手は、顧客、ベンダー、サプライヤーかもしれないし、またはライバル会社のマネージャーさえもその中に含まれるかもしれない。

ネットワークづくりが
気分次第にならないように、
自分の進歩を記録、追跡していこう。

STEP 2

結果を記録する

ネットワークづくりをすべて記録するためにノートを持ち歩く。記録の簡単な方法としては、1ページを3つの欄に分け、それぞれに「人」「話題」「約束」と題をつける。そして、初めて会った人と別れた直後に、ノートのそれぞれの欄に書き込む。出会った人と、その人が言ったことを記録すれば、より自分の言動に責任が持てるようになる。

そのノートに毎週5人ずつ新しい名前を加えることを目標にすれば、一目見ただけで自分がそれを実行しているかどうかわかる。そして、必ず目標を達成すると決意していれば、その時々の気分の変化や拒絶されることへの恐怖、恥ずかしさなどを乗り越えられる。

会話の最中でノートを取りだしてもいい。相手が電話番号を教えてくれたり、本やウェブサイトを薦めてくれたりしたら、ノートとペンを取りだし、「ちょっと待ってください。メモしておきますから」と言おう。

試してみよう

会話の記録をさらに活用しよう

週ごとの状況を図にしてみよう。毎週金曜の午後に、その週に出会った人の数を数える。そしてその結果を、ノートかパソコンにグラフにして書き込む。

数か月もすれば、自分のネットワーク活動の浮き沈みが簡単に見つけられるようになる。それによって、何がネットワークづくりの妨げになっているのかがわかる。

たとえば、締め切りに追われるために、毎月最後の週になるとグラフが下がるといった具合に。そのような自覚があれば、障害があってもネットワークづくりのペースを維持するために対策を立てることができる。

3 自分自身を宣伝する

あなたは今やリーダーだが、組織のすべての人があなたがリーダーだと知っているとは限らない。

突然、服装が変わったり、重役フロアに個室を持ったりしない限り、何気なくあなたの姿を目にした人にとっては、リーダーに昇進したことなどわかるわけがない。

上司があなたの昇進を知らせるメモを配布したとしても、全員がそれを読むと考えてはいけない。多くの新任のリーダーが、自分のうれしいニュースを知っている人、気にかけてくれる人がほとんどいないと、がっかりしながら私に訴えてくる。

しかし、人目を引くようなメモを配ってあなたの昇進を周囲に知らせるのは、上司や人事部だけの仕事というわけではない。

自分で宣伝すればいいのだ。それと同時に、ネットワークづくりも行える。以下にその方法を紹介しよう。

自分自身を宣伝する

3つの方法

1 社内で援助を求める

メールを全社に流し、自分が取り組んでいるプロジェクトを説明し、たとえば部署をまたいだチームへの参加者を探すなどの助けを求める。

そのメールの中で、自分が新しくリーダーになったことと、プロジェクトが会社の利益につながることに触れる。

これは、比較的楽なネットワークづくりの方法である。なぜなら、相手が向こうからやってきてくれるからだ。そして同僚たちは、貴重な情報源となり、あなたの仕事を助けてくれるだろう。

2 他の部署と交流する

他の部署の上層部とコンタクトを取り、彼らのスタッフミーティングでゲストスピーカーを務めると申し出る。

また、部下との昼食会や表彰式などに、他の部署の同僚を招待する。

部署を仕切る壁を取り壊し、他の部署の人たちと知り合いやすくしよう。

**社内のネットワークをつくるために、
自分がリーダーになったということを
自分で知らせよう。**

3 部署をまたがるチームに参加する

ネットワークづくりのもっとも簡単な方法の1つは、共同作業で大きなプロジェクトにあたるグループの一員になることだ。

そのチームに自分の専門知識を提供することによって、ほかの方法では決して知り合えなかったような影響力のある重役に認められることができる。

ヒント

小さなことから始めよう

たとえば、ピクニックや研修セミナーなどの会社の行事に参加するときは、知り合い同士で固まらないこと。

教室で隣になった人や、カフェテリアで後ろに並んでいる人と会話を始める。ただの天気の話題でも、地元のスポーツチームの活躍ぶりでもかまわない。始めるにはそれで十分だ。

そして次にその人に会ったら、前の会話をもとにさらに親しくなろう。

4 恐怖を克服する

あなたはおそらく、仕事に埋もれ、リーダーという新しい役割を何とか理解しようともがいているところだろう。ネットワークづくりは大切だと頭ではわかっているが、しかしとにかく時間がない。しかしそれは、言い訳にならない。

組織の内外で人と知り合うのは、キャリアを築くうえで欠かせないことだ。それに加えて、さまざまな分野の専門家と知り合うことで、多くを学ぶことができるだろう。

あるいは、ネットワークづくりの価値がわかっていたとしても、やはり不安や恐怖に負けて実行に移せないかもしれない。恐怖は逃げ口上になる。

もっと積極的にネットワークづくりをすることに、たとえそれが賢いことだとわかっていてもなかなか踏み出せないなら、あなたは恐怖に負けているのだ。**不安の正体を暴き、それを乗り越える戦略を立てれば、もっと自信を持って実行することができる。**

以下に、もっとも一般的な恐怖を3つ挙げよう。

初めての人と会ったときの 3つの恐怖

1 恥をかく恐怖

知らない人と会話を始めるとき、人はおかしなことを考える。ただ会話を楽しむのではなく、自分は失言をする、バカなことを言ってしまうと思い込む。

そのような自滅的な思い込みを捨て、相手の話を聞き、何かを学ぼうという熱意を強めるようなメッセージを自分に送ろう。

2 拒絶の恐怖

あなたが今、いちばん避けたいのは、自分を見下すかもしれない人や、自分を否定しているように見える人と会話をして、せっかく高まった自尊心に水を差されることだろう。その結果、拒絶されるかもしれないような危険を避けるようになる。

しかし組織の内外で、毎週10人の知らない人と話をした場合、あなたを拒絶するのは1人ぐらいだろう。

ネットワークづくりを進めて知り合いを増やしているのなら、拒絶を恐れる理由など何もない。もちろん知らない人に話しかければ拒絶されることもあるが、それで進歩が止まるわけではない。

**ネットワークをつくるときの障害となるのが、
初めての人と会ったときの恐怖だ。
その正体を知り、乗り越えよう！**

3 退屈の恐怖

時は金なりだ。廊下で立ち止まっての会話、会議の後にタクシー乗り場へ行く途中の会話、すべてが時間の無駄に感じられる。おしゃべりな人や自慢話が好きな人につかまってしまうかもしれないということだけでも、会話を避ける十分な理由になる。

しかしここでの解決策は、退屈の恐怖に屈服することではない。むしろ、好奇心を目覚めさせ、退屈なおしゃべりをする人からも何かを学ぼうとすることだ。

彼らにあなたの好奇心を呼び覚ますチャンスを与えよう。相手から価値のある情報をいくらかでも引き出すようにしよう。

要注意

とにかく前へ！

　ネットワークづくりをするときは、**面目を失うかどうか、恥をかくかどうかといった心配をしないこと**。自分の外見が気に入らなくても、または言った瞬間に後悔するようなことを言ってしまっても、とにかく先へ進んでいく。

「今日の見かけは最低だ」「あんなことを言って、絶対にバカだと思われた」「うっかり怒らせるようなことを言ってしまった」というような考えを追い払う。くじけずに会話を続け、活気をもたらそうと努力すれば、失敗をしてもすぐに取り返せる。

5 外部の人と交流する

あなたは今やリーダーであり、トレーニング・プログラムや会議などの、ネットワークづくりに生かせるイベントに出る機会が多くなっただろう。その結果、業界の内外で知り合いをつくるチャンスが広がる。

しかしそれは同時に、あなたの率直さにつけ込み、大切な情報を引き出して利用しようとする外部の人間に出会うかもしれないということも意味する。好きな人や尊敬する人と関係を築くのは大切だが、外部の人間と交流する場合には注意が必要だ。

ネットワークづくりの状況すべてにおいては、こちらが質問をたくさんして相手に話をさせるのが、賢いやり方である。特に、外部の人間と会うときはなおさらだ。

ほとんど黙っていれば、あとで後悔するようなことを口走ってしまうこともないだろう。

そのほか、外部の人とネットワークをつくるうえで気をつけるべきポイントを見てみよう。

外部の人と交流するときの 3つのポイント

1 「上に立とう」とする相手に注意する

彼らは自分の存在価値を強めようとして、自分があなたに比べて経験や知識が勝っていることを、なんとかしてひけらかそうとする。

誰かが反論をしたり偉そうな態度をとったりしても、すぐにむっとしてはいけない。**ネットワークづくりの達人は、知らない人が相手の場合、疑わしいことは好意的に解釈する。**

少なくとも、最初の1回はそうする。第一印象にとらわれず、相手をもっと知ろうとする。会話が始まってから10分がたち、相手がただの自慢屋だとわかったら、そのときに終わりにすればいい。

2 自社のことを悪く言わない

社内だけではなく、
社外の人へもネットワークを広げよう！
そのときに気をつけるべきことは？

知らない人を相手に、自分の仕事の文句を言いすぎてはいけない。セミナーで隣に座った人は、もしかしたらあなたの上司の知り合いで、あなたの言葉をすべて上司に伝えるかもしれない。

内部の人間に言えないことは、外部の人間にも言わないこと。

3 あまりに物欲しそうな態度に出ない

外部の人と会うときは情熱的に、しかしやりすぎないようにする。相手から何かを得ようとしているのなら、最初の数分はそれを秘密にしておこう。

こちらの要求が会話から自然に生まれるように仕向ける。相手のほうから何かできることはないかとたずねてきたら、理想的だ。

そして、それを実現するベストの方法は、**相手に興味を持っていることを示し、相手に話をさせ、そして短いヒントをそれとなく与えることだ。**

試してみよう

答えにくい質問への返し方

質問にすべて答える必要はない。相手が求める情報をただやみくもに与えなくても、友好関係を築くことはできる。ライバル会社の社員が、あなたの課の総売上や、会社がかかわっている訴訟について知りたがったら、うっかり答えを言わないように注意しよう。

そういう場合は、たとえば「**なぜそれをお知りになりたいのですか？**」というように、こちらも質問で返す。友好的な雰囲気を崩さず、しかし警戒は怠らない。

質問を返せば、快活な会話を続けることができ、そして厄介なはめに陥ることもない。

ネットワークをつくる
ためのチェックリスト

□前向きな姿勢で、プロらしい態度でネットワークづくりをする。気持ちのいい表情を保ち、相手の目を見て、背筋をまっすぐに伸ばして立つ。

□自己紹介をするときに大げさに自分を宣伝しない。ただ握手をして、「こんにちは、私は○○です」と言うだけでOK。

□ネットワークづくりを記録する。耳にした大切な情報や、両者の約束をノートに書き込んでおく。

□積極的にネットワークづくりをすることで、自分の存在を組織内に知らせる。部署をまたいだチームに参加し、他の課でスピーチを行い、アドバイスを提供する。

□真っ正面から立ち向かうことで、ネットワークづくりの恐怖を克服する。自分の不安を認識し、なぜそのような不安を感じるのか分析する。

□外部の人間と会うときは話の内容に注意する。自分の上司についてあまり話しすぎないように。答えるよりも質問するほうを多くする。

初めて部下を持ったその日から使える

新米リーダー 10のスキル［再編集版］

発行日　　2019年3月30日　第1刷

Author　モリー・ステットナー
Translator　ディスカヴァー編集部

Book Designer　小林祐司

Publication　株式会社ディスカヴァー・トゥエンティワン
〒102-0093　東京都千代田区平河町2-16-1 平河町森タワー11F
TEL　03-3237-8321（代表）03-3237-8345（営業）／FAX　03-3237-8323
http://www.d21.co.jp

Publisher　干場弓子
Editor　藤田浩芳　三谷祐一

Marketing Group
Staff　清水達也　小田孝文　井筒浩　千葉潤子　飯田智樹　佐藤昌幸　谷口奈緒美
古矢薫　蛯原昇　安永智洋　鍋田匠伴　榊原僚　佐竹祐哉　廣内悠理
梅本翔太　田中姫菜　橋本莉奈　川島理　庄司知世　谷中卓
小木曽礼丈　越野志絵良　佐々木玲奈　高橋雛乃

Productive Group
Staff　千葉正幸　原典宏　林秀樹　大山聡子　大竹朝子　堀部直人　林拓馬
松石悠　木下智尋　渡辺基志

Digital Group
Staff　伊藤光太郎　西川なつか　伊東佑真　牧野類　倉田華　高良彰子
佐藤淳基　岡本典子　三輪真也　榎本貴子

Global & Public Relations Group
Staff　郭迪　田中亜紀　杉田彰子　奥田千晶　連苑如　施華琴

Operations & Accounting Group
Staff　松原史与志　中澤泰宏　小関勝則　山中麻吏　小田木もも　池田望　福永友紀
Assistant Staff　俵敬子　町田加奈子　丸山香織　井澤徳子　藤井多穂子　藤井かおり
葛目美枝子　伊藤香　鈴木洋子　石橋佐知子　伊藤由美　畑野衣見
井上竜之介　斎藤悠人　宮崎陽子　並木楓　三角真穂

Proofreader　株式会社鷗来堂
Printing　日経印刷株式会社

ISBN978-4-7993-2447-9